Infraturas

Infraturas

Cultura e contracultura no Brasil

Fred Coelho

Cobogó

Sumário

Apresentação — 7

Escritos da infratura — Escrever para existir — 9

Razão e contracultura — 23

Intimidade molecular e corpo-ambiente: Duas experiências de "fazer mundo" — 37

Groovy Promotion — Hélio Oiticica, Waly Salomão, literatura e amizade — 51

Subterranean Tropicália Projects → *Newyorkaises* → *Conglomerado*: O livro infinito de Hélio Oiticica — 65

Onde se vê dia, veja-se noite — Notas sobre a crítica em tempo de contracultura — 89

Perdemos o bonde; não percamos a esperança — 111

Sobre salto — Silviano Santiago e a experiência nova-iorquina — 125

Gil — Duas derivas — 133

Gilberto Gil e as máquinas — 145

Canto e danço que dará — 155

O Homem Amarelo e o telefone: Perspectivas sobre modernismos brasileiros e a invenção de origens — 165

Balanços da fossa: O caso da *Revista Civilização Brasileira* 173

O Brasil como frustração — Dez notas 187

Quantas margens cabem em um poema? —
Poesia marginal ontem, hoje e além 209

Referências bibliográficas 247

Origem dos textos 251

Apresentação

Organizar uma publicação com escritos feitos ao longo de uma trajetória profissional é, sempre, uma operação de balanço. Ao colocá-los lado a lado, é possível ter uma perspectiva sobre um percurso de trabalho. Mais que isso, é constatar que algo concreto foi feito em meio ao turbilhão de assuntos e ações que realizamos, mesmo que não consigamos perceber o desenho que porventura se forma ao longo do tempo

Esta coletânea consiste, portanto, em um conjunto de quinze ensaios, escritos nas últimas duas décadas. A intenção principal foi organizar textos publicados em coletâneas, revistas e blogs, e tentar perceber linhas de força de um pensamento dedicado a possíveis recortes do campo plural e complexo da cultura — e da contracultura — brasileira. Os temas escolhidos trazem em comum o interesse por manifestações estéticas, críticas e políticas realizadas no país, em diferentes temporalidades.

A reunião de textos escritos em diferentes períodos recentes demonstra, através das escolhas temáticas e conceituais, a evidente e salutar transformação que vem correndo no debate público sobre o país. De alguma forma, esta coletânea é, também, um retrato de uma trajetória de quem escreve sobre um Brasil em transformação e o impacto disso em suas práticas estéticas.

Comparados às publicações de origem, alguns ensaios ganharam aqui pequenas adições ou subtrações, de acordo com a melhor fluidez da leitura e com a necessidade de atualizações.

Ao ler o conjunto de textos que foram selecionados para este volume, percebo obsessões e dilemas, presentes nos fios soltos de uma pesquisa de longa duração. Por serem participantes de um mesmo bando, referências, argumentos, citações e cenas se repetem em diferentes contextos, fazendo com que cada ideia ganhe novos ângulos. A busca por formas renovadas de se estudar velhos assuntos faz com que os mesmos temas se ampliem e se transformem. Citando uma frase de Paulo Leminski, o livro divaga, mas não dispersa.

Por fim, agradeço a todas as publicações, seminários, aulas e conversas que estão na origem de cada um destes textos. Uma trajetória profissional e intelectual é feita no interior de uma comunidade que tem como energia a circulação permanente de trabalhos. Que este livro seja mais uma das contribuições para essa comunidade e para que sigamos pensando e experimentando esse delírio de ideias chamado Brasil.

Escritos da infratura — Escrever para existir

> Ah! A literatura ou me mata, ou me dá o que eu peço dela.
> LIMA BARRETO, *Diário do hospício*, 1921

> Essa vontade de deixar um documento acaba me matando.
> ROGÉRIO DUARTE, 1968

> Calma, calma, também tudo não é assim escuridão e morte.
> HILDA HILST, 1970

I

Este ensaio é fruto de pesquisas que venho desenvolvendo desde o final dos anos 1990 ao redor do tema da contracultura brasileira e suas práticas estéticas e críticas. Ao longo do tempo, o eixo do trabalho deslocou-se de uma escrita de caráter sócio-histórico sobre o tema da marginalidade (a dita cultura marginal brasileira dos anos 1960) em direção ao tema da produção textual ligada a esse termo. Ao me deslocar da representação política para a prática escritural, o escopo de interesse do trabalho incorporou um grupo de textos que, geralmente, eram usados como fontes, e não como literatura. Mas nunca é tarde para irmos além do que se pensa ou se vive.

Nesse sentido, venho trabalhando com as temáticas da escrita e do literário em artigos e ensaios que visam rasurar a ideia de contracultura e suas marcas históricas — isto é, deslocá-las de uma abordagem cronológica e limitada a sensos comuns cada vez mais vazios. Em 2016, encontrei uma forma de abordar tais escritas em sua radicalidade formal ou existencial a partir da ideia de INFRATURA, retirada de um ensaio de Paulo Leminski intitulado "Forma é poder"— publicado na coletânea de textos *Ensaios e anseios crípticos*, em 1986. São brevíssimos e certeiros escritos em que a máquina que pensa é a mesma que questiona o pensamento.

O ponto de partida para o uso desse termo de Leminski emerge da pergunta central da pesquisa: como narrar aquilo que falta e/ou o que excede? Como fabular a perda de si, o limiar dos sentidos, a (in)consciência do cosmos, o esgotamento da palavra, a ruptura com a razão, a emergência de uma experiência absoluta e irredutível? Guardemos essas perguntas sem respostas.

A ideia de uma "escrita da infratura", portanto, surge de um gesto de leitor: encontrar na própria literatura um pensamento sobre seus procedimentos e motivações. Em "Forma é poder", Leminski traça um panorama da literatura brasileira de seu tempo e acusa seu peso "naturalista". Afirma que uma escrita que se preocupa com o "conteúdo" demarca um falso caráter "natural", ao contrário dos que se preocupam com a forma e seus experimentos inovadores de linguagem. Esse naturalismo, algo como "escrever como se deve", denuncia justamente o automatismo de uma sociedade em que o discurso jornalístico do fato e da veracidade, do relato medido pela razão e pelo distanciamento, torna-se regra.

Mais do que o termo que designa escolas literárias com origens no século XIX, o naturalismo combatido por ele é a carga automática em que a escrita assimila a ordem da e na língua. Adota a forma como neutralizadora da diferença e assume um neutro que, na verdade, e aqui cito Leminski, "representa o triunfo da razão branca e burguesa". A ideia de uma escrita "normal" contra formas extravagantes e meramente artísticas é justamente a reprodução da norma. Norma é lei. Ainda seguindo Leminski, o tom neutro da normalidade é o tom do poder.

É nesse contexto que o poeta-crítico reivindica aquilo que seria o levante "dos discursos reprimidos, das culturas oprimidas, o frenético dinamismo mitológico dos fodidos, sugados e pisados desse mundo".[1] O dinamismo radical não só de novas ideias, mas principalmente de novas formas.

A Infratura pode ser uma ferramenta crítica para desautomatizar a prática do texto, desmistificar a objetividade interessada que se inscreve nos discursos reprodutores do poder, esburacar uma visão de mundo que se instala "naturalmente" nos narradores e nos conceitos, em suma, desafiar o pensamento do leitor. Leminski aponta o aspecto totalitário dessa invasão sobre as práticas criativas. E assim chega ao trecho chave cuja leitura abriu a possibilidade de nomear algo que, de alguma forma, pulsava nos temas, autores e objetos da pesquisa:

Violação. Ruptura. Contravenção. INFRATURA.
A poesia diz "eu acuso". E denuncia a estrutura.
A estrutura do Poder, emblematizada na "normalidade" da linguagem.

---

1. Leminski, Paulo. "Forma é poder". In: *Ensaios e anseios crípticos*. Campinas: Unicamp, 2011, p. 100.

Só a obra aberta (desautomatizada, inovadora), engajando, ativamente, a consciência do leitor no processo de descoberta/criação de sentidos e significados, abrindo-se para sua inteligência, recebendo-a como parceira e colaboradora, é verdadeiramente democrática.

A INFRATURA, portanto, reivindica múltiplas missões (poéticas, existenciais e políticas), encapsuladas na palavra-valise criada por Leminski.

Temos o prefixo INFRA = advérbio do latim ligado à ideia de "abaixo" ou "inferioridade" (o contrário de SUPRA, "acima"). Se seguirmos uma trilha pelo prefixo, a partir da sugestão em aberto de Leminski, temos também a INFRAÇÃO enquanto ato de quebrar, e temos o INFRATOR, ou seja, aquele que tem consciência do delito e o pratica por estratégia. No caso deste ensaio, podemos sugerir o escritor como contraventor consciente da e na língua. Há também o verbo: INFRINGIR, isto é, violar, transgredir, desrespeitar.

Podemos ainda escavar o termo em INFRAESTRUTURA, aquilo que, por baixo (no subterrâneo), constrói e dá forma. É a parte inferior de uma estrutura que, ao mesmo tempo, a sustenta.

Se quisermos seguir, e eu sigo, há também o termo INFRATO que nos dicionários significa "quebrado, alquebrado, abatido". Um aspecto que dá corpo a uma era de escritas sobre torturas, espancamentos e prisões.

Por fim, os óbvios: FRATURA = quebra, rompimento; e seu verbo, FRATURAR = quebrar com força, romper, arrombar. Fraturar é, talvez, criar fissuras, provocar rachaduras, mantendo, porém, o corpo que as carrega.

E o que Leminski quis dizer com a INFRATURA? Interessa saber? O fato é que ao encontrar o termo, passei a aplicá-lo no que estava lendo, nas aulas que estava compartilhando, nas conversas com amigos e parceiros. Passei a usá-lo como um *conceito-palavra-poética* até que ele virasse um dentro, uma posse, um dado orgânico. Até a palavra se tornar a infratura do meu próprio pensamento.

II

A partir dessa perspectiva, proponho pensar as diversas narrativas feitas em situações-limite de vida — prisões, internamentos, torturas, escritas fabuladoras em fluxos, experiências com drogas ou a iminência da morte — como motores para pensar o que David Lapoujade chamou, a partir da obra de Etiene Soriau, de "modos de existência". Sem aprofundar tal discussão retirada do livro *As existências mínimas* de Lapoujade,[2] o que vale retermos para este ensaio é a ideia de *existências multimodais*, ou seja, a possibilidade de pensarmos múltiplas formas sincrônicas e diacrônicas de existência — e aqui a ideia de forma é fundamental. Ao sugerir que "só existimos realmente porque fazemos existir outra coisa" e, portanto, "não existe 'ser' sem 'maneiras de ser'", o filósofo nos permite pensar a literatura, a prática escritural, as formas de textificação da experiência, como essa permanente performance de si inventando outros. Para sermos, produzimos múltiplas plasticidades vivenciais, múltiplas "maneiras de ser". Se pudesse sintetizar, diria que, citando Lapoujade, o que está em jogo nesse sentido são as maneiras de fazer existir um ser em determinado plano. Ainda citando Lapoujade, produzir múltiplas existências é um *gesto* de criação. Cada existência provém de um

---

2. Lapoujade, David. *As existências mínimas*. São Paulo: n-1, 2017.

gesto que a instaura. Seguindo Lapoujade, podemos propor que a literatura é justamente essa prática baseada em um grande conjunto de gestos instaurando existências.

III

É preciso sempre ressaltar que não se trata simplesmente de valorizar essas escritas-limite, até porque nenhuma dessas experiências é positiva em si ou deve ser irresponsavelmente transformada em beleza — a loucura, a tortura, a morte, a prisão não são laboratórios criativos para serem idealizados, pelo contrário. São situações muitas vezes devastadoras para quem as vive. Novamente, o que podemos fazer no contato com tais relatos-experiências, é uma operação de leitura. Pensar como tais experiências produzem texto. Mais que isso, como cada texto desse traz uma narrativa que, no limite, performa e produz existências na fabulação. Isso é comprovável pelo fato de que cada um escreve sobre tais situações de forma distinta. Waly Salomão, por exemplo, propõe uma "alegria terrível" nos poemas em prosa que resultaram no livro *Me segura qu'eu vou dar um troço*, de 1972. Sabemos que o terror e a literatura eram pares incontornáveis, ao menos no Brasil, para se falar das múltiplas maneiras de existir, mesmo em situações cujo resultado era, sem meias palavras, apagar existências que escapassem da norma. Qualquer uma delas.

A partir de tal premissa, trabalhei com um conjunto variado de textos — diários, relatos, contos, poemas, romances, depoimentos, fragmentos e áudios transformados em escrita. Nesse fluxo de leituras, portanto, em meio a textos de Lima Barreto, Torquato Neto, Rogerio Duarte, Lygia Clark, Hilda Hilst, Maura Lopes

Cançado, Stela do Patrocínio, Clarice Lispector, Waly Salomão e Paulo Mendes Campos, emergiram três forças existenciais (aqui pensando força como forma). São elas: a Perda (da subjetividade, do nome, do corpo); o Medo (sentimento de aniquilamento pela fragilidade desses corpos em situações de controle e confinamento); e a presença de Deus (*topos* discursivo constante, seja como experiência mística ou como resultado opaco da própria experiência fraturada da Linguagem).

A partir dessas forças, ativo a Infratura como dispositivo crítico, conjunto de procedimentos — de leituras sobre escritas, de escritas sobre existências, em suma, um método para pensar a literatura em suas falhas que se tornam forças, naquilo que excede A e NA linguagem, aquilo que desliza na língua, palavras que se deixam contaminar pelos excessos das formas (monstruosas, místicas, delirantes, em fluxo).

Vale ressaltar também que a Infratura é uma proposição crítica oriunda de PROBLEMAS BRASILEIROS. Meu recorte de pesquisa, basicamente, mergulha em escritas feitas, em sua maioria, durante os anos de 1950-1970, período agudo da história nacional do século XX em que escrever caminhou lado a lado com delirar futuros, sobreviver, atravessar os buracos, se mover entre terremotos, olhar ao redor e tudo ser a borda do abismo. Tempos, enfim, em que cada existência era, citando Waly, "um Óbito ululante".[3]

Afinal, como fazer borda quando o limiar entre existir e desistir é tênue demais? Como saber que se pode cruzar a linha en-

---

3. Sailormoon, Waly, apud Hollanda, Heloisa Buarque de (org.). *26 poetas hoje*. 6ª ed. Rio de Janeiro: Aeroplano, 2007, pp. 183-84.

tre humanidade e inumanidade, entre cultura e natureza, entre razão concreta e delírio cósmico, e voltar ao espaço que garante o trânsito? Como entender que, para viver, ou para aguentar a VAZIEZ que se instaura em nós na hora mais funda, é preciso morrer muitas vezes para conseguir renascer em outros modos de existência? Como se aproximar, hoje, de escritas produzidas quando se está na cela do quartel na espera eterna da hora da tortura em 1968, quando se está preso no Carandiru em 1970, quando se está internado no Engenho de Dentro em 1971? A partir de agora, falo dos três eixos sugeridos acima.

IV

A PERDA — dos traços do rosto, do nome como garantia e assinatura e de uma subjetividade estável, das linhas que contornam e conformam um corpo — é a primeira *força motriz* que emerge nesse conjunto de textos. Aqui, a escrita torna-se Infratura por se instalar no que David Arriguci Jr. chamou de "maquinaria para o desastre".[4] Desenvolver uma escrita em que a dissolução é narrada enquanto ato agônico — ou renascimento. Rogério Duarte diz que aquele que escreve o relato *A grande porta do medo* fala de um mesmo que morreu.[5] Rogério é o seu Brás Cubas, escreve sobre um si depois da morte, porque ficou vivo para olhar em direção ao próprio túmulo: o corpo torturado, solitário e peni-

---

4. Arriguci Jr., David. "Algaravias". In: *Waly* Salomão — *Poesia total*. São Paulo: Companhia das Letras, 2014, p. 477.
5. Duarte, Rogério. "A grande porta do medo". In: Cohn, Sérgio (org.). *Série Encontros*. Rio de Janeiro: Azougue, 2010.

tente. Waly Salomão anuncia a "vontade de perder os contornos do rosto", proclama a beira do seu próprio abismo em 1972 ao perguntar a si mesmo — e ao leitor — "E agora, vazio e saciado, que vou fazer de tudo que não me tornei?". Talvez a nossa relação de leitores com a literatura, no final das contas, ressoe exatamente essa incompletude fundamental, esse intervalo, essa fratura nos sentidos que nos convidam a ser outros sem deixar de ser um mesmo.

Torquato Neto também aponta a dissolução de um sujeito que perde o nome — e se sente, enfim, livre. Em suas palavras, a condição de interno no hospício o faz "reconquistar inteiramente o anonimato". Ajudava-o no processo destrutivo de, em suas palavras, "liquidar sistematicamente o meu nome". Lima Barreto, em seu *Diário do hospício,* definiu tal sensação como "um ser vivente entre as sombras".[6] No confinamento psiquiátrico, todos são sombras, todos são anônimos, todos são inexistências. No confinamento, apaga-se o "direito de existir" como singularidade para todos. É quando presos e internos tornam-se números. Rogério Duarte afirma que na hora das primeiras surras que recebia dos policiais que o prenderam "ouvia tudo mas continuava surdo ao nome que acontecia". Era uma existência cuja situação o colocava "anterior a mim mesmo".

A segunda maquinaria para o desastre, Infratura da linguagem e na linguagem, é o MEDO. Torquato chamava-o de INIMIGO MEDO, o "Supra Grilo", os "desesperados da Silva". Sensação que resume na frase: "O inimigo é o medo no poder." Já Lima Barreto diz precisamente: "Muitas causas influíram para que eu

---

6. Barreto, Lima. *Diário do hospício; O cemitério dos vivos.* São Paulo: Companhia das Letras, p. 47.

viesse a beber; de todas elas, foi um sentimento ou pressentimento, um medo, sem razão nem explicação, de uma catástrofe doméstica sempre presente."[7] Rogério já enuncia no título de seu relato sobre a Semana Santa de abril de 1968: *A grande porta do MEDO*, um texto feito "entre socos e palavras". Cito Rogério: "É preciso morrer de medo e regar a flor do medo que nascerá sobre o túmulo até a repartição do fruto, mesmo que seja o fruto dourado do ódio."[8] Waly Salomão diz: "Nado neste mar antes que o MEDO afunde minha cuca. Nadar na fonte é proibido e perigoso."[9] O medo é constante no BRASISPERO dos anos 1960/70 para aqueles que vivem uma existência sempre passível de ser capturada pelas biopolíticas de seu tempo. Para Maura Lopes Cançado, sua internação (no mesmo hospital que se internariam anos depois Rogério Duarte e Torquato Neto) produz a solidão que alimenta o sentimento de ameaça constante do seu corpo. Em suas palavras: "Às vezes a coisas ameaçam chegar até mim transpondo as portas. Sinto medo. Parece reinar uma ameaça constante no ar."[10]

O MEDO também produz modos de existência? Qual a escrita do medo? Uma escrita em que é preciso pôr na organização da sintaxe aquilo que desorganiza os sentidos?

E é justamente em situações que chamo aqui de experiências-limite que a desorganização do corpo e dos sentidos produz a constante figura de DEUS nesses relatos. Aqui, a Infratura e

---

7. Idem, p. 49.
8. Duarte, Rogério, op. cit., p.54.
9. Sailormoon, op. cit., pp. 183-84.
10. Cançado, Maura Lopes. *Hospício é Deus — Diário*. Belo Horizonte: Autêntica, 2015, p. 32.

sua terceira maquinaria para o desastre — ou para lidar com o desastre em curso, se instalar nele e assumi-lo como condição estética e existencial — seria essa escrita como uma *Fé/Bricação* (expressão de Torquato Neto) de estados alterados, de fluxos incontrolados, de medos paralisantes. Deus pode ser o Cosmos, Deus pode se manifestar na "intimidade molecular" com o mundo que Paulo Mendes Campos reivindica quando descreve sua experiência com LSD. Deus é o inimigo (o Inimigo medo?), a (im)possível salvação, a fuga e a prisão.

Mas Deus é, também, a palavra-saída daquilo que, ao menos no momento das escritas que trago aqui, não há saída. Maura Lopes Cançado afirma com todas as letras: "Deus foi o demônio da minha infância."[11] O medo promovido pela rígida criação religiosa no interior de Minas lhe deu tal dimensão. Quando internada, o título de seu famoso livro emerge de forma definitiva: "Hospício são flores frias que se colam em nossas cabeças perdidas em escadarias de mármore antigo, subitamente futuro — como o que não se pode ainda compreender. São mãos longas levando-nos para não sei onde — paradas bruscas, corpos sacudidos se elevando incomensuráveis. Hospício é não se sabe o quê, porque Hospício é Deus."[12]

O "não se sabe o quê" de Maura nos remete ao Incognoscível de Ruiska, escritor-narrador-personagem de "Fluxo", narrativa de Hilda Hilst, pela sua proximidade com esse Deus que não é o criador nem o salvador. É puro mistério. Cito Hilda: "Olhe aqui, o incognoscível é incogitável, o incognoscível é inconsumível, é inconfessável. Ele me cospe no olho, depois diz: nin-

---

11. Idem, p. 17.
12. Ibidem, p. 26.

guém está te mandando escrever sobre o incognoscível, estou dizendo: não se esqueça do incognoscível."[13] Não se esquecer que Deus é o mistério, talvez outro modo de existência para cada um que se espalha na perda dos contornos subjetivos e sensoriais. Waly, preso na cela do Carandiru, transforma sua etnografia poética da cadeia em uma narrativa quase bíblica, inserindo entre bandidos e policiais marcas textuais do Antigo Testamento, das mitologias egípcias e persas. Deus, portanto, não é salvação, é constatação de um jeito de se falar do mundo em que todos se encontram perdidos. Torquato, por sua vez, diz para si mesmo que "só deus pode me salvar, mas eu não conheço deus nem sei onde procurá-lo".

Por fim, sem nenhum fim, o depoimento de Rogério Duarte é pleno de situações em que Deus — seja lá quem for — se instala e transtorna todos os sentidos, todos os modos possíveis de existência que um relato sobre sua própria tortura pode produzir. Alterna perguntas em dúvida, "Qual a probabilidade de existir mesmo Deus?", e nos dias seguintes de solitária e tortura, afirma: "Foi preciso que eu me rolasse no chão, que eu lambesse a poeira, que eu mordesse com a boca do corpo tudo que não fosse nada. Foi preciso aprender na pele que o Ente existia, e não o nada. E então eu pensei: o problema da existência de Deus não foi ainda bem colocado, pelo menos pra mim, isso passou a ser um falso problema. Porque seguramente o existir existe. O preço que eu pagara até ali pela minha falta de fé havia sido a própria anulação do que há. O real é real, existe. Deus é real, Deus existe. Deus é o que existe, mas o que falta."[14]

---

13. Hilst, Hilda. *Fluxo-Floema*. São Paulo: Perspectiva, 1970, p. 26.
14. Duarte, Rogério, op. cit., p. 71.

Perder os contornos da existência para multiplicá-la. Atravessar o medo da morte, da solidão e da loucura para deixar testemunho de tais existências esmagadas pela norma, cogitar o mistério chamado Deus não para louvá-lo, mas para intensificar sua incompletude, sua existência que falta, sua fratura na língua que tudo diz. As Infraturas como essas escritas cuja dimensão performática do limite da existência é radical, pois lida com a quase morte, com a quase fuga, com a quase mudez, com a quase literatura. Formas fabuladoras de lidar com a carne da vida.

Razão e contracultura

1

Em *Verdade tropical*, autobiografia do compositor Caetano Veloso de 1997, ele sugere que um dos trunfos do grupo de artistas ligados ao Tropicalismo musical era a junção produtiva dos "super-racionalistas" e dos "irracionalistas".[1] Os primeiros, representados por artistas e intelectuais ligados ao construtivismo e aos limites das vanguardas modernistas, como os concretos, os maestros do movimento Música Nova, alguns artistas do grupo neoconcreto. Já o segundo são os artistas e intelectuais ligados à contracultura brasileira e às formas mais transgressoras de experimentalismos estéticos, como Torquato Neto, Jorge Mautner, Rogério Duarte, José Agrippino de Paula, Waly Salomão, Julio Bressane etc.

A declaração do músico nos indica uma curva histórica que se inicia, grosso modo, em 1951, com a primeira Bienal de São Paulo (genealogia mais comum dos movimentos construtivos brasileiros do período) e chega ao seu auge em 1968, com o Tropicalismo e a cultura marginal. Ela articula produtivamente a vanguarda moderna dos anos 1950, ligada ao racionalismo, à geometria, à

---

1. Veloso, Caetano. *Verdade tropical*. São Paulo: Companhia das Letras, 1997, p. 245.

arquitetura, ao design, à poesia, e a frente contracultural dos anos 1960 — por sua vez "pós-moderna", ligada ao pop, à lisergia, ao hedonismo, à cultura de massa, à música popular, à televisão, ao cinema e à dessacralização do código literário. Os mesmos nomes presentes nas vanguardas construtivas que se afastaram nos anos 1950 (Irmãos Campos e Hélio Oiticica) voltam a se reunir dez anos depois. Dessa vez, ao redor de músicos populares e de eventos ligados a eles. Mesmo assim, esse reencontro trazia algumas diferenças nas convergências, como ressaltou Caetano.

Quero frisar neste primeiro momento o fato de o compositor destacar o tema da Razão como singularidade dos grupos de artistas e intelectuais ao seu redor no final dos anos 1960. Os dois extremos desse tema — os super e os irracionais (ou os alto modernos e os pós-modernos, para usarmos os termos do crítico argentino Gonzalo Aguilar)[2] — se uniam em um encontro pouco provável no meio das últimas vanguardas modernas. O que provoca, por exemplo, o deslocamento dos poetas concretos que vinham de fortes premissas racionalistas-matemáticas nos anos 1950 para o desarranjo da linguagem em prosas-limite como as *Galáxias* de Haroldo de Campos nos anos 1960? O que aproxima a crise da forma na obra dos neoconcretos da crise da palavra na obra, por exemplo, de Waly Salomão, Rogério Duarte ou Torquato Neto? O que permite que Hélio Oiticica aproxime em um mesmo feixe de ideias as categorias de cultura e loucura, como num seminário em 1968 no Museu de Arte Moderna do Rio de Janeiro? São os trópicos que deturpam a razão ocidental em prol da loucura? Ou podemos assumir o "cartesianismo tropi-

---

2. Aguilar, Gonzalo. *Poesia concreta brasileira — As vanguardas da encruzilhada modernista*. São Paulo: Edusp, 2005.

cal" sugerido por Max Bense como paradigma desse cruzamento de forças?[3] O que leva um leitor de teorias construtivistas como Oiticica ao delírio da língua e do corpo?

O encontro apontado por Caetano Veloso se desdobra para além do breve momento tropicalista (1967-68) e se consolida na década seguinte, principalmente por meio das revistas independentes que eram publicadas naquela época. Duas delas são objetos estéticos que fizeram história nesse encontro entre "super" e "irracionalistas". A primeira é a famosa *Navilouca*, editada por Torquato Neto e Waly Salomão ao longo de 1972 e publicada em 1974. Em suas páginas estavam nomes como Haroldo e Augusto de Campos, Décio Pignatari, Lygia Clark, Hélio Oiticica, Ivan Cardoso, Duda Machado, Luis Otavio Pimentel, Caetano Veloso, Rogério Duarte e Luciano Figueiredo (também responsável pelo design ao lado de Óscar Ramos), além dos dois editores. A ligação entre as vanguardas dos anos 1950 e a geração que articulou a contracultura com suas vidas e obras ganha uma plataforma cujo formato experimental e caráter "performático" (a revista de exemplar único) sublinham tal encontro.

A outra revista que reforça essa perspectiva é a *Pólem*, editada em 1974 por Duda Machado e Susana de Moraes (com colaboração de Mauricio Cirne, Antonio Dias e Iole de Freitas). De perfil mais inclusivo e criando uma ponte com as artes visuais para além da geração dos neoconcretos, a *Pólem* traz alguns nomes da *Navilouca*, como os irmãos Campos, Torquato Neto, Waly Salomão, Hélio Oiticica, Caetano Veloso, Luís Otavio Pimentel, Ivan Cardoso e Chacal, somados a outros como Carlos Vergara, Waltércio Caldas, Antonio Risério e Rubens Gerchman. A per-

---

3. Bense, Max. *Inteligência brasileira*. São Paulo: Cosac Naify, 2009.

manência dos Campos, de Oiticica, de Veloso e Torquato nos mostram como as alianças e parcerias do tempo tropicalista se desdobraram em outros momentos que esgarçam os enquadramentos temporais e espaciais do tema.

II

Há, portanto, uma pergunta que ressoa nesse trecho de Caetano Veloso e no nosso argumento: o que uniu esses grupos para além da experiência midiática dos compositores tropicalistas? Pois é ali, entre 1968 e 1972, que ocorre a formação de um pacto político-estético no campo intelectual entre os que eram excluídos do centro dos debates sobre os rumos do país — fosse pelo marxismo universitário, pelo realismo socialista ou pelo conservadorismo militarizado. Quais costuras formavam a tessitura dessas redes de relações e discursos? Eram as apostas e leituras de Oswald de Andrade para a cultura brasileira? Eram afinidades intelectuais e compromissos estéticos que confluíram para uma estratégia cosmopolita e transgressora do debate cultural? E, mesmo que seja um desses pontos, por que a Razão é evocada como parâmetro de análise por parte do compositor?

Sobre isso, arrisco uma hipótese inicial, uma possível perspectiva de conexão entre essas duas forças produtivas da arte brasileira durante os anos 1950-70. Há entre os artistas do construtivismo dos anos 1950 e os artistas experimentais dos anos 1960 e 1970 uma tensão criadora entre razão e loucura (ou racionalismo e irracionalismo, para mantermos os termos de Caetano Veloso). As fronteiras entre uma sociedade regida por princípios estéticos matemático-racionais e vidas cujo contato com o delírio e a experimentação abria novas perspectivas sobre arte eram latentes nas tensões culturais do país. Como entender que, ao mesmo tempo que jovens poetas paulistas se dedicavam à fundação rigorosa de um novo paradigma criativo para a poesia brasileira e mundial, outros artistas no Rio de Janeiro se envolviam com internos de um hospital psiquiátrico e absorviam a loucura não como falha, mas sim como força estética? E, indo além, qual o impacto da "positivação da loucura" em um contexto de controle cartesiano da mente sobre o corpo criador?

A presença de artistas visuais dedicados às pesquisas pictóricas relacionadas ao abstracionismo geométrico no Hospital Engenho de Dentro durante o período dirigido pela dra. Nise da Silveira causa um nó na história do construtivismo brasileiro. Pesquisas recentes sobre o tema sugerem que não se pode entender certa especificidade da experiência neoconcreta carioca sem ressaltar o aspecto aberto do delírio da forma em contraste com o controle matemático do concretismo paulista. Não se trata de alimentar mais uma vez a disputa vazia ou sublinhar diferenças já conhecidas. O que se busca é criar um campo de possibilidades para entendermos como a loucura — e seu desdobramento sobre o sujeito da arte — pode alimentar conexões inusitadas entre artistas de diferentes gerações no Brasil.

III

Sabemos que a distância entre poetas e artistas concretos e neoconcretos se deu a partir dos limites impostos pelos segundos para a aplicação dogmática do princípio racionalista-mecanicista dos primeiros. Em textos e debates pela imprensa da época, vemos, por exemplo, como Ferreira Gullar fez questão de sublinhar diferenças ao redor do tema. No *Manifesto Neoconcreto* (1959), sua primeira frase já traz a expressão "exacerbação racionalista" para se referir à arte concreta praticada no período. Também usa expressões como "experiência" e "possibilidades expressivas" e ressalta a distância crítica dos primados racionalistas, acusando-os de roubar da arte "toda autonomia" ao submetê-la a um "objetivismo mecânico".

Dois anos antes, em 1957, quando o termo "neoconcreto" ainda não tinha sido cunhado para distinguir os grupos de São Paulo e do Rio, Ferreira Gullar, Oliveira Bastos e Reynaldo Jardim (três poetas e críticos ligados ao grupo construtivista carioca) publicam no Suplemento Dominical do *Jornal do Brasil* "Poesia Concreta: Experiência intuitiva". Trata-se de uma resposta a outro texto de Haroldo de Campos, publicado no mesmo jornal com o título "Da fenomenologia da composição à matemática da composição".[4] A intenção de Gullar e seus companheiros era demarcar um limite para o predomínio da razão sobre a intuição poética, um dos princípios radicais que o grupo paulista adotava naquele momento.

Haroldo assumia a operação matemática como resultado decisivo da estrutura inovadora que a poesia concreta propunha. No lugar da "palavra-puxa-palavra" (termo usado pelo poeta paulista para demarcar o método tradicional da escrita), devia ser levada em consideração a estrutura como proposta formal de cálculo espaço-temporal do poema. Essa operação, necessariamente, faria o poema pender para "o lado da racionalidade construtiva". Já no texto de Gullar, Bastos e Jardim vemos que a escolha pela expressão "experiência intuitiva" era diretamente

---

4. Os dois textos foram publicados no Suplemento Dominical do *Jornal do Brasil* no dia 23 de junho de 1957.

relacionada ao termo depreciativo "disponibilidade intuicional", de Haroldo de Campos. Os autores defendem como princípios "concretos" a contingência dos atos e a capacidade de apreender o mundo para além de procedimentos racionais e verificáveis. Eles já incluíam o sujeito-espectador como objetivo da obra poética, e não a forma isolada em sua perfeição matemática interna.

Além da disputa em aberto pelo termo "concreto", o texto marcaria a ruptura definitiva com o paradigma racionalista ao reivindicar um "equívoco cientificista" e afirmar que "a pretensa submissão da poesia a estruturas matemáticas leva o selo desse equívoco". O poema concreto, para o grupo do Rio, deveria valer como uma experiência cotidiana — afetiva, intuitiva — a fim de que não se tornasse mera ilustração, no campo da linguagem, de leis científicas catalogadas.

A ruptura entre arte e ciência, entre técnica racional e técnica intuitiva, entre um sujeito-máquina e um sujeito-experiência pode ter conexão com situações que, de alguma forma, nos remetem ao contato dos críticos e artistas do Rio com as pesquisas de Nise da Silveira e seus pacientes.[5] Os artistas que surgiram ao longo dos anos 1950 em seus ateliês tinham aulas com Almir Mavigner, que, como se sabe, levou nomes como Ivan Serpa, Mário Pedrosa e Abraham Palatnik ao Hospital Psiquiátrico do Engenho de Dentro. Vale registrar que, ainda em 1949, ocorreu no Museu de Arte Moderna de São Paulo a mostra Nove Artistas de Engenho de Dentro, porém ela não foi citada em documentos

---

5. Apesar de publicado após a escrita deste texto, vale conferir o trabalho de Kaira M. Cabañas sobre esse momento da arte brasileira. Cabañas, Kaira M. *Aprender com a loucura —Modernismo brasileiro e arte contemporânea global*. Tradução Pedro Taam e Flavio Magalhães Taam. São Paulo: WMF Martins Fontes, 2023.

ou cronologias oficiais como um evento importante ao grupo concreto paulista.

No Rio, o trabalho de Nise causou impacto se não em muitos, ao menos nos principais participantes da produção crítica e artística da época. O contato de Mário Pedrosa com o trabalho dos internos foi decisivo para o crítico mais importante do período. Ele, inclusive, entra em polêmicas com outros críticos por conta da qualidade das obras dos pacientes de Nise. Desse debate, resulta um longo ensaio de Mário Pedrosa, intitulado "Forma e personalidade", de 1951.[6] Seu conteúdo é todo dedicado à relação entre a arte e seus limites críticos no âmbito das criações vistas como não artísticas (primitivos, crianças, esquizofrênicos). O ensaio é claramente influenciado pelas visitas ao hospital e exposições que Mário Pedrosa frequentou ao acompanhar de perto o trabalho de Nise da Silveira.

A exposição de 1951, citada textualmente por Pedrosa, provoca um longo estudo em que o crítico já apresenta linhas que se cruzariam posteriormente com os textos de Gullar — aliás, é notória a convivência dos dois entre 1954 e 1960, período de formulação dos grupos Frente e Neoconcreto. O que chama a atenção nesse texto em relação ao debate de Gullar com Haroldo de Campos é o uso da expressão "intuição criadora". Já em 1951 era posta a questão da intuição em contraposição a parâmetros rigidamente racionais ou cientificistas na análise da arte — e da arte feita no âmbito de instituições como o Hospital Engenho de Dentro. Pedrosa ainda retomaria o tema da "intuição" em um ensaio de 1960, "Das formas significantes à lógica da expressão",

---

6. Pedrosa, Mário. "Forma e personalidade". In: Mammì, Lorenzo (org.). *Arte, ensaios: Mário Pedrosa*. São Paulo: Cosac Naify, 2015, p. 160.

em que faz uma elaboração teórica do termo a partir de leituras da *Gestalt*, de Henri Bergson, Ernest Cassirer e outros.

Em 1958, por fim, Ferreira Gullar aborda o tema desenvolvido por Pedrosa nos dois artigos referidos, porém de forma mais direta. No breve artigo intitulado "Louco faz arte? A propósito de um debate", Gullar também se opõe às opiniões negativas dos críticos a respeito da arte produzida por Emygdio de Barros, Adelina ou Fernando Diniz, internos do Engenho de Dentro.[7] Mostrando diálogo com os pensamentos de Pedrosa, Gullar se refere à *gestalt* e aos textos de Cassirer para justificar uma "revalorização do indivíduo e das forças latentes da expressão individual". Notemos que esse texto é contemporâneo de suas reflexões sobre a teoria do não-objeto e o trabalho de Lygia Clark. Essa aposta na experiência e na intuição como linhas de fuga em relação ao dogma racionalista e matemático do construtivismo paulista marca profundamente a obra de Hélio Oiticica, Lygia Clark e Lygia Pape — não à toa, três artistas ligados profissional e afetivamente aos críticos Pedrosa e Gullar. Seus trabalhos individuais e sua breve atuação conjunta durante os anos neoconcretos evidenciaram o papel do indivíduo a partir da inclusão do espectador como parte ativa da obra de arte.

É claro que não é prudente fazermos um salto entre a crise do racionalismo construtivista entre artistas e a crise da linguagem dos esquizofrênicos como prova de que existem linhas conectando super-racionalistas e irracionalistas, mas podemos sim apontar certos aspectos que nos mostram como a palavra e a imagem não são elementos estáveis no Brasil dos anos 1960. A ideia de que teríamos necessariamente um caminho definido

---

7. Suplemento Dominical, *Jornal do Brasil*, 20 abr. 1958.

entre o desenvolvimento da nação e as técnicas mais modernas de sociedade industrial (publicidade, cibernética, grids, poesia visual etc.) naufraga frente ao excesso tropicalista e à valorização do corpo como espaço de experimentação e ruptura — política, existencial e estética. O corpo que se insinuava nos textos de Gullar e Pedrosa como contraponto à razão cartesiana dos concretos se torna uma espécie de sintoma da crise da linguagem. A palavra fica aquém das sensações, e o controle maquínico dos corpos se esvai em experimentos-limite e novos significados de seu uso nas artes.

IV

Na década de 1970, o Hospital Engenho de Dentro retorna ao meio cultural do Rio de Janeiro. Dessa vez, não mais como espaço de atuação dos pacientes-artistas, mas sim como o que ele também era: um espaço de internação psiquiátrica. Torquato Neto e Rogério Duarte, dois dos principais amigos de Hélio Oiticica — e dos compositores tropicalistas como Caetano Veloso — se internam em momentos diferentes durante os anos de 1970 e 1971, respectivamente.[8] Ambos, intelectuais polivalentes, dividi-

---

8. Embora tenham ocorrido na mesma época, esses episódios dramáticos nas vidas de Rogério Duarte e Torquato Neto não têm relação. Em 5 de abril de 1968, Rogério e seu irmão, Ronaldo, foram presos pela Polícia Estadual (Dops) e torturados durante uma semana em uma base militar no Rio de Janeiro. Após sua libertação, Rogério sofreu uma série de reveses emocionais e profissionais que exigiram assistência psiquiátrica sucessiva. Neto, por outro lado, expressou tendências suicidas desde cedo, além de lutar contra o alcoolismo. De acordo com seus diários, as internações

dos entre a música, o jornalismo, o cinema, a poesia, a crítica e a arte, ambos com situações pessoais no limite entre "a crítica e a clínica", para usarmos a expressão que dá título ao último livro de Gilles Deleuze (1993).[9] Essas internações não foram as únicas da geração que, após a ruptura tropicalista e a incorporação de temas ligados aos movimentos da contracultura internacional, se veem envolvidos com a violência repressiva de uma ditadura civil-militar e passam a assumir o grau de radicalidade que Caetano Veloso chamou de "irracionais".

Os irracionalistas, isto é, os *outsiders* do campo cultural brasileiro, tiveram na loucura e nos seus desdobramentos filosóficos e estéticos um tema constante. Não é à toa que a obra de Antonin Artaud entra com força no Brasil a partir desses jovens, por meio de jornais da imprensa alternativa e de intelectuais como Luiz Carlos Maciel, jornalista e filósofo. Autor de uma coluna no semanário *O Pasquim* intitulada "Underground", Maciel publicava textos inaugurais do debate mundial ao redor da antipsiquiatria (como os do inglês R. D. Lang), articulando um artista como Artaud aos problemas crônicos da política manicomial brasileira e mundial. No mesmo período, circula a primeira edição de *O anti-Édipo*, livro publicado em 1972 por Gilles Deleuze e Félix Guattari. Nesse contexto, a experiência bem-sucedida de Nise da Silveira ecoava, vinte anos depois, como uma versão brasileira da conexão produtiva entre arte, loucura e modelos alternativos de tratamento.

A relação proposta por Deleuze entre uma crítica (mediada por uma prática produtiva, em que se consegue o mínimo de

---

psiquiátricas foram seus esforços para superar os sintomas relacionados a essas condições crônicas.
9. Deleuze, Gilles. *Crítica e clínica*. São Paulo: Editora 34, 1997.

disciplina criativa em meio ao delírio) e uma clínica (cujo criador sucumbe à linguagem e não consegue produzir uma "razão") nos permite pensar como situar trabalhos que vivem no limite desses polos. Como dito acima, Torquato Neto foi, ao lado de Waly Salomão, o criador da *Navilouca*, título retirado da *História da Loucura*, obra de Michel Foucault lançada no mesmo ano de 1972, cujas páginas fazem referência às *Stultifera Navis,* embarcações medievais que recolhiam os loucos pelas cidades costeiras e ficavam navegando com destino incerto.[10] Citando Waly, era uma época em que ocorria de forma radical "a obliteração da anterior distância sujeito-objeto".[11]

Torquato mostrou isso diretamente em seus diários, escritos durante sua internação no Engenho de Dentro. Aos poucos, seus textos foram indicando um abandono do que ele chamava de "fé nas palavras". Para ele, a palavra, matéria-prima do poeta — e da razão — se encontrava em um impasse insolúvel. O fechamento do seu discurso artístico era condicionado a essa falência. Torquato Neto era um jovem intelectual devoto do paideuma concreto. Leitor das obras dos poetas paulistas, acompanhava os autores sugeridos e dominava bem a feitura de poemas em diálogo com a escola concreta. Sua vida, porém, o arrastou para um espaço em que a razão não resistiu ao delírio. A crítica fez-se clínica.

Esses apontamentos são apenas ideias embrionárias sobre as relações entre princípio estéticos cartesianos em um país como

---

10. Foucault, Michel. *Histoire de la folie à l'âge classique.* Paris: Gallimard, 1972.

11. Salomão, Waly. *Armarinho de miudezas.* Rio de Janeiro: Rocco, 2005, p. 63.

o Brasil e seus limites através da presença de um conjunto de discursos e práticas que se desloca da matemática para o desordenamento das formas. Em trabalhos como os de Hélio Oiticica, Lygia Clark e Lygia Pape, o corpo assume papel preponderante na invenção de outros princípios — intuitivos, experimentais — que escapam dos dogmas do primeiro momento construtivo no país. Nessa reivindicação de um sujeito e de um corpo abertos ao acaso da experiência, o diálogo com obras, autores e vivências ligadas às fronteiras fortemente vigiadas da linguagem e dos discursos garantidos pela razão — esquizofrênicos, marginais, imigrantes, miseráveis, mulheres, indígenas, negros — é permanente. Crítica e clínica caminham juntas, mesmo que às vezes a segunda engula a primeira em um país que aliava a crise da linguagem com crise política.

Se nos anos 1950 concretos e neoconcretos tiveram que demarcar posições antagônicas na busca de uma relação com as matrizes construtivistas europeias, nos anos 1970 foi possível um reencontro devido ao grau de compatibilidade que passa a existir em suas obras. A aproximação entre Oiticica e os irmãos Campos durante seu período em Manhattan (1970-77) é a prova de que, mesmo que os princípios construtivistas ainda fossem arraigados nos paulistas e nem tanto no carioca, a fidelidade ao paideuma poundiano da invenção permaneceu os conectando. Racionais ou intuitivos, matemáticos ou hedonistas, tênues linhas criativas foram traçadas para que as vanguardas dessem um perfil específico à contracultura brasileira e um novo gás experimental — intuitivo? — aos poetas concretos e seus textos teóricos.

Intimidade molecular e corpo-ambiente:
Duas experiências de "fazer mundo"

I

Este ensaio, de fato, persegue uma pergunta tão antiga quanto a literatura: como narrar um corpo? A pergunta genérica que já foi investigada por uma miríade de escritores, teóricos e críticos, é posta aqui em uma chave mais específica: como narrar um corpo sob os efeitos de substâncias alteradoras da consciência? Até mesmo esse recorte mais definido, porém, tem suas bifurcações. Há inúmeros estudos sobre literaturas e artes que atravessam o tema do uso de drogas no processo criativo de artistas. Não tratarei disso. Também não tratarei delas enquanto tema literário em narrativas ficcionais, já parte do cânone ocidental com obras como as de De Quincey, Baudelaire, Burroughs e Michaux.

Os dois textos que comentarei aqui brevemente são dedicados ao uso de drogas, porém apresentam narradores deslocados das experiências narradas. São em primeira pessoa, porém não assumem o caráter testemunhal e imediato sobre a experiência. São voltados para narrativas de fatos verídicos, mas demandam uma fabulação inerente aos narradores que conduzem os eventos narrados. O primeiro, o cronista, poeta, contista e tradutor mineiro Paulo Mendes Campos, faz uma espécie de relatório *a posteriori* do uso do ácido lisérgico. O segundo, o artista visual carioca Hélio Oiticica, narra uma história ouvida de terceiros a respeito de uma morte premeditada por overdose de cocaína.

II

Mas antes de entrarmos especificamente nos textos, vale uma breve reflexão sobre esse narrador que faz um corpo fora do controle da razão, isto é, da organização dos fatos em uma sequência de eventos. Mesmo que exista a descrição pormenorizada de uma ação, com começo, meio e fim, os corpos narrados nesses textos *não estão lá*. Eles são reconstituídos pela escrita, produzindo um efeito que configura um deslocamento radical da experiência. Não se propõe literatura, pois não fabulam ficções, mas só podem ser fabulações, pois precisam dar conta de algo que, no momento do ato narrado, não estavam presentes. Ou, se estavam, não podiam escrever. Afinal, como dar conta, na linguagem, do delírio lisérgico ou da overdose que, ao mesmo tempo que expande a consciência, contrai definitivamente a vida? Como abordar formas narrativas que se aproximam por um viés descritivo daquilo que não é verbal, isto é, o delírio e a morte?

Toda tradução é, em princípio, um exercício impossível. Aqui, gloso Haroldo de Campos para pensar se a escrita do corpo alucinado não é uma tentativa de tradução de estados alterados da mente.[1] Trata-se de pensar uma escrita cujo princípio — o tema — parte de eventos que desorganizam a capacidade de descrever as coisas em linguagem corrente. Claro que muitos escreveram — e

---

1. Campos, Haroldo de. "Da tradução como criação e como crítica". In: *Metalinguagem e outras metas*. 4ª ed. São Paulo: Perspectiva, 2006, p. 34.

certamente escrevem até hoje — sob o efeito das mais diversas substâncias. Claro que muitos fizeram, inclusive, obras-primas nessas condições. Ao pensarmos a *composição do escrito* nessa perspectiva aditivada, estaremos falando de um processo catártico de sensações transferidas para o texto. Não é à toa que muitos desses escritos e escritores são lidos pela chave extática da iluminação. Bem e mal, vida e morte, o prazer da embriaguez e a opressão da moral burguesa são algumas das premissas que ativamos nesses textos.

Mas vamos um pouco além. Quando se escreve sobre uma experiência de uso de drogas, o que precisamos fazer é reencenar uma situação sensorial. Drogas são substâncias que trabalham no âmbito químico de nosso corpo, interferindo em nossos sentidos — os ampliando, os inibindo ou os deslocando de suas funções controladas. Esse corpo químico, experimentado no ato do uso de uma substância, produz informações que, após o fim do processo, não são simples de serem recuperadas. Uma memória do delírio, se assim podemos dizer, torna-se um problema a ser pensado quando um autor decide escrevê-la. No caso de Paulo Mendes Campos, como veremos, ele redige uma série de textos descrevendo sua experiência com o tom correto e poético de um tratado pessoal sobre o que lhe ocorreu após utilizar LSD. Ele se torna personagem de si mesmo, mas o corpo em primeira pessoa que une o seu nome como autor ao nome que passa pela experiência descrita o autoriza a reivindicar tal memória do delírio. Já no caso de Hélio Oiticica, o relato da morte de um conhecido por overdose de cocaína o faz produzir um texto em que o evento ganha corpo a partir do corpo de quem escrevia. Usuário de cocaína no período, a morte do amigo pelo uso da mesma substância faz com que sua escrita crie um corpo homólogo ao seu.

III

Era agosto de 1962 quando Paulo Mendes Campos utilizava pela primeira vez a substância conhecida como ácido lisérgico. O escritor mineiro fazia parte de um experimento promovido pelo médico carioca Murilo Pereira Gomes em seu apartamento localizado no bairro de Laranjeiras, mais precisamente na rua General Glicério. Murilo era um dos pioneiros nas pesquisas sobre os usos terapêuticos da substância no Brasil. Mesmo assim, só começara a pesquisar o tema em 1961, ou seja, um ano antes dos testes com o escritor mineiro.

Na tese "História Social do LSD no Brasil", de Júlio Demanto, realizada no departamento de História da USP, vemos que Murilo escreveu artigos acadêmicos (um deles intitulado "Configuração de uma psicoterapia com o uso de LSD 25") e fez apresentações explanando o tema, como a ocorrida no XI Congresso Nacional de Medicina, realizado no Rio de Janeiro. Seu nome aparecia nos jornais vinculado a grupos de artistas visuais em experimentações lisérgicas controladas. A abertura pública sobre o assunto até então nos remete aos anos de formação de Sigmund Freud e sua relação com a cocaína, quando se podia escrever e falar abertamente sobre sua investigação pela perspectiva terapêutica. No artigo referido de dr. Murilo, o médico não hesita em apontar os limites psicopatológicos (termos do texto) que o LSD pode causar. Seu entusiasmo com as primeiras descobertas, porém, o faz afirmar que:

> A situação lisérgica "realiza" alucinatoriamente o mundo inconsciente do indivíduo ao mesmo tempo que o faz participar desta realização, como uma peça teatral, cômica ou dramática, e é exa-

tamente por vivenciar o indivíduo a sua posição como personagem numa enorme peça que tem como palco a vida e personagens, ele, as suas figuras interjetadas e os outros que compõem o seu grupo humano, captando a dinâmica das relações internas e externas, é que ele se sente, por assim dizer, informado ou instruído sobre a melhor maneira de realizar o seu plano de vida.

Paulo Mendes Campos tinha exatamente quarenta anos quando faz a experiência na casa de dr. Murilo. Sua ida fazia parte da série de testes que o médico vinha fazendo com artistas e escritores, investigando os efeitos da substância em sujeitos ligados ao campo da criação. Nos arquivos do escritor, abrigados no Instituto Moreira Salles, existem diversos registros de recortes seus sobre o assunto, matérias técnicas e um caderno com anotações dedicadas ao LSD. Em breve texto dedicado ao caderno, o escritor Antonio Xerxenesky comenta o conteúdo do mesmo, apontando anotações sobre o artigo "The use of LSD in psycotherapy" e escritos pessoais comentando os efeitos da droga.[2] Antonio destaca o termo "veneno sensório" entre as frases muitas vezes tortas. Este caderno, talvez, tenha o registro vivo de experiências que, no texto de 1962, foram domesticadas em um registro direto e claro. Se o caderno trazia as marcas do veneno, o texto datilografado e publicado apresentava, de alguma forma, seu remédio.

"Uma experiência com o ácido lisérgico" (e não "minha experiência") é o título do texto que Paulo Mendes Campos publica no livro *O colunista do morro*, editado pela Editora do Autor, de

---

2. Xerxenesky, Antonio. "Veneno sensório". Disponível em: https://blog-doims.com.br/veneno-sensorio-por-antonio-xerxenesky/.

seus amigos Rubem Braga e Fernando Sabino.[3] Sua primeira edição é de três anos após os testes: 1965. No mesmo ano das experiências, porém, ele publica uma série de crônicas sobre o assunto na revista *Manchete*, uma das mais lidas no país naquele período.

Para os tempos atuais de balbúrdias e repressões governamentais dos desejos, a fala desabusada sobre uma substância hoje em dia ilícita em um veículo de massa demonstra como tanto o dr. Murilo quanto Paulo Mendes Campos se encontravam na vanguarda de um movimento que eclodiria anos depois nos Estados Unidos no âmbito da contracultura. Estavam experimentando os efeitos do LSD no mesmo período que Timothy Leary produzia seus experimentos na Harvard University. O médico e o escritor fizeram, inclusive, palestras conjuntas divulgando o experimento, como mostra esta nota na edição de 23 de novembro de 1962 do *Correio da Manhã*:

> SOCIEDADE BRASILEIRA DE REFLEXOLOGIA — Reúne-se no dia 27, às 20h30m, em sua sede, à Av. Churchill, 97, 10º andar, com o seguinte programa: "Natureza da resposta psicológica do ácido lisérgico", conferência do dr. Murilo Pereira Gomes; e "A experiência lisérgica vivida por um escritor", pelo escritor Paulo Mendes Campos.

Os textos da revista *Manchete* trazem algumas diferenças do texto organizado no livro, por serem publicados em partes e pela

---

3. Campos, Paulo Mendes. "Uma experiência com ácido lisérgico". In: *O colunista do morro*. Rio de Janeiro: Editora do Autor, 1965. Todas as citações de Paulo Mendes Campos a seguir são retiradas desse livro.

possibilidade editorial de o autor burilar posteriormente sua escrita. Mesmo assim, o próprio os intitula "relatório" sempre que se refere ao escrito. Nesta fala, irei me ater ao texto do livro por conta do seu fluxo organizado de narrativa corrente, como uma crônica estendida.

Sua abertura relata a relação do autor com o tema das drogas alucinógenas. Dizia ser desde a adolescência curioso com as questões existenciais e tornara-se leitor de tratados médicos sobre loucura e tóxicos estupefacientes ao trabalhar em uma biblioteca. Aqui, Paulo Mendes Campos se faz personagem dando coerência genealógica e biográfica à narrativa que se segue. Sua curiosidade sobre o tema da mescalina foi levada a outra dimensão a partir do seu encontro decisivo com a obra de Aldous Huxley. Citando Paulo Mendes ao falar sobre suas leituras do famoso livro *The Doors of Perception* (uma quando foi publicado nos anos 1940 e outra na véspera de ir até a casa de Murilo), "também nós fazemos parte do texto, e este pode transformar-se à medida que nos transformamos". O autor diz isso por conta de seu interesse crescente sobre zen-budismo, o que gerava nele uma dúvida sobre o que se chama de realidade.

Seu relato, porém, se inicia na linguagem típica do relatório: "No último sábado de agosto de 1962, às 14h30, eu entrava num apartamento da rua General Glicério pela primeira vez. Diante do dr. Murilo Pereira Gomes ia submeter-me à experiência da dietilamida do ácido lisérgico." Após falar de sua ida até o local, diz que o motor de tudo era um desejo profundo de "conhecer as consequências da droga". Não cabe aqui espaço suficiente para dar conta da riqueza do texto de Paulo Mendes Campos — texto aliás bem conhecido numa fortuna crítica que trabalha com o tema das drogas na literatura brasileira. O que vale destacar é a forma de seu relato: encadeado, límpido, obediente da sintaxe. Ele nos faz acompanhar passo a passo o processo de transformação sensorial que vai aos poucos ocorrendo com seu corpo.

Divide-se em oito partes que obedecem a ordem e os títulos das crônicas da revista *Manchete* intituladas: "Sentimento do tempo" (primeiros momentos de percepção do efeito da substância), "O mundo é colorido" (onde afirma que "já devia ter ingerido o ácido lisérgico há uma hora e meia"), "Uma inocência cósmica" (momento em que "perdera minha confiança nas palavras, abandonara-me a esperança de comunicar-me através de conceitos"), "Conceitos" (corte seco do narrador para fora do fluxo da experiência descrita em que admite que "os conceitos aqui formulados são uma tentativa de síntese" escrita "semanas depois da primeira experiência"), "Lição de coisas" (homenagem ao amigo Carlos Drummond de Andrade, parte em que define que "o mundo não é a palavra", exortando os leitores para percebermos o *isto* das coisas — e no seu caso um amor profundo desenvolvido por uma azeitona), terminando com "As comportas do inconsciente", "O mundo do silêncio" e, por fim, "O milagre da voz".

Em todas essas partes, o narrador, cioso do controle dos fatos em fluxo cronológico, ordena aquilo que a narrativa afirma ter desordenado. A escrita *a posteriori* sobre a experiência faz com que a reencenação da situação sensorial se desloque do campo das intensidades — ou do que o próprio autor chama lindamente de *Intimidade molecular* com o mundo — para o campo da memória do delírio. Isto é, do bio/gráfico para o historio/gráfico. Ao compor o texto deslocado do ato da sensação e com um público leitor definido, o corpo escrito é resíduo depurado pela distância crítica do corpo que escreve. Fazer um corpo na escrita, nesse caso, é traduzir o intraduzível, dando à revelação existencial uma acomodação textual. Vale ainda ressaltar, por conta de uma escrita direcionada a um leitor médio definido, um p.s. que aparece ao fim de uma das crônicas na *Manchete*: "Esta série de artigos sobre o ácido lisérgico destocaiou mais leitores interessados do que qualquer outro trabalho escrito por mim. Isso me deixa à vontade para prosseguir um pouco mais, sem o perigo de tentar resumir demasiadamente."

Existiam leitores para os relatórios em que o corpo descontrolado do delírio se ordenava no âmbito da informação. Haveria o mesmo público leitor se o relato fizesse outro corpo, descontrolado, sensorialmente explícito e de linguagem fraturada pela experiência que o desfazia em sentidos aguçados?

Antes de passarmos para o texto de Oiticica, vale um breve comentário: na biografia *Mare Nostrum: Sonhos, viagens e outros caminhos*, o diretor, ator e dramaturgo Fauzi Arap fala longamente de sua relação com o dr. Murilo Pereira Gomes. A partir de 1963, Arap torna-se um dos artistas que se submetem às sessões semelhantes a que Paulo Mendes passou no ano anterior, inclusive movido pela leitura dos seus artigos na revista *Manchete*. Anos depois, ao se aproximar de Clarice Lispector por conta da direção dos shows de Maria Bethânia em que a cantora lia trechos de romances da escritora, Arap descobriu que Clarice também frequentara as sessões de Murilo. Segundo Fauzi Arap,

> ela me disse ter aceitado experimentar o ácido num grupo de escritores, que incluía Paulo Mendes Campos, devidamente acompanhados pelo dr. Murilo, mas que ela não havia sentido absolutamente

nada. Disse até que a certa altura se ofereceu para descer e comprar sanduíches para todos.[4]

O diretor aposta em sua autobiografia referida que *A paixão segundo GH* era fruto de um flashback de Clarice das sessões de Murilo, isto é, um efeito retardado da droga na autora. A hipótese é provocadora pois, aparentemente, ela não reivindicara tais expedientes em suas narrativas, mesmo que alguns de seus textos sugiram isso. Ao contrário do deslocamento amortizador de Campos, escrita que domestica os sentidos em expansão, na obra de Clarice o corpo em delírio se faz no fluxo da própria linguagem. Fica aqui a hipótese de Fauzi Arap para outro momento.

IV

Agora fazemos um corte abrupto de nomes, lugares e épocas. Estamos em Manhattan, em 1973. Hélio Oiticica já vivia há mais de dois anos na ilha e produzia em ritmo frenético com seu amigo Neville de Almeida a série de slides e instruções que comporiam as cinco *Cosmococas — Programa in Progress*. Era um período em que o uso de cocaína por parte de Oiticica era intenso, fazendo com que sua persona artística se definisse muitas vezes a partir dessa relação entre a substância, seu corpo e sua produção.

Através de conversas com Silviano Santiago, conheceu a obra *Uber Coca*, escritos de Freud sobre a cocaína. Também estudava com afinco a mitologia incaica da substância a partir do impe-

---

4. Arap, Fauzi. *Mare Nostrum: Sonhos, viagens e outros caminhos*. São Paulo: Senac, 1998.

rador Manco Capac e as histórias de nobreza que circulavam a planta sagrada para os povos andinos. Nesse sentido, ao contrário de Paulo Mendes Campos, Oiticica era um experimento ambulante e em tempo integral da substância — e não um curioso esporádico. O relato pormenorizado de um experimento quase estético-medicinal, como foi o texto do escritor mineiro, é substituído por uma fala incessante para todos sobre a presença da cocaína — ou Prima, como ele a chamava.[5] O texto que analisarei aqui brevemente surge nesse período da vida do artista.

"A morte de Oto do Pó" é escrito por Oiticica a partir de uma cadeia de oralidades e afetos. Oto de Souza Mattos era um conhecido traficante do Morro de São Carlos, região que o artista frequentou bastante entre 1964 e 1970. As filhas de Oto, Rose, Rubia e Tineca, eram amigas pessoais de Oiticica e moravam na área da região do Mangue, famosa zona de prostituição da cidade. O filho de Oto, Renault, era um amigo de Oiticica que foi preso no Complexo da Frei Caneca, também naquela região, e com quem Hélio trocou cartas por muito tempo. Por fim, Oto era padrinho de um rapaz do morro chamado Luiz. Anos depois, ele ganhou um apelido, um violão e um sucesso merecido com o nome completo: Luiz Melodia.

O relato da morte de Oto foi contado por uma de suas filhas a Chris, amiga de Oiticica, que vivia em viagens entre Rio e Nova York. Chris, por sua vez, contou para ele. Sua reação foi imediata: mergulhado na feitura das *Newyorkaises*, projeto de livro infinito que cultivou durante mais de sete anos, Oiticica escrevia tudo, sem parar, e escreveu de pronto um texto-poema-manifesto de-

---

5. O apelido é decorrente da letra da canção "Sister Morphine", presente no álbum *Sticky Fingers*, dos Rolling Stones, lançado em 1971.

dicado à história da morte de Oto. O fato que produziu impacto no artista era como Oto morrera: convalescendo de um câncer, definhando em seu leito de morte, pede aos familiares que encha uma bomba flit com cocaína e bombeiem o conteúdo em seu rosto até ele desfalecer de overdose — como, afinal, ocorreu.

A opção pela morte por overdose a partir da adaptação do utensílio doméstico — um dispositivo de defesa contra insetos — em *gadget* fatal detona em Oiticica uma série de apontamentos sobre prazer e morte. O objeto cotidiano vira "fecundador-espacial", não como pênis, mas como condutor de um *corpo-ambiente*. O uso da droga no ato final da vida, para um artista como Oiticica, era uma forma de "incorporação do ambiente que fecunda e penetra via coca", isto é, a cocaína, vista então como droga, mas também como pigmento, como princípio ético de vida e conduta, produzia um re-ligar de Oto, fusão química dele com o espaço, fazendo do último ato de vida um êxtase. Ao contrário de Oiticica e Neville, dupla que usava a cocaína para "dar frutos", isto é, obras, para além do onanismo individualista do vício (palavras do próprio artista), Oto usava a droga para "fazer um mundo meditativo". Oiticica define a relação de Oto com a cocaína como uma espécie de forma de ver o mundo, aquilo que ele chama de "Coke Consciouness".

Se Paulo Mendes Campos reivindica uma consciência cósmica, dando ao LSD o poder de nos conectar com o infinito da existência (um plano de vida, segundo dr. Murilo) Oiticica reivindica uma consciência cocainada, em que a droga não é disparadora do delírio, mas a própria instauração de um modo específico de estar no mundo (e um plano de morte, no caso narrado por ele). Oto tinha produzido, na hora de sua morte, uma experiência irredutível de vida. Segundo Oiticica, "transmutação q substituía o corpo-carcaça por outra coisa". E deixa a pergunta no ar: "Ressureição?".

Seu último parágrafo define o ato de Oto nos termos do narrador Oiticica: "Como se um quase-morto saltasse olimpicamente qual atleta no auge das energias vitais e parasse no salto no alto acima das cabeças. Deve ser a isso que chamam de entrega total." Logo após o parágrafo, um desenho com a cena da morte.

O narrador que Oiticica produz nesse texto faz corpo não pela reprodução detalhada do corpo que morre, o corpo de Oto, no caso. Quem está ali, falando a sensação da morte por meio da consciência-cocainada, é o corpo do narrador. Pois é ele quem vive de forma vitoriosa no seu dia a dia a mesma cocaína usada como dose fatal e último pedido do moribundo. Se Oiticica não escreve sua experiência, como faz Paulo Mendes Campos, ele vive de forma muito mais intensa a experiência alheia, pois não desloca para fora do delírio o relato, ao contrário. Ele traz para si, para seu vocabulário corrente (o tema do corpo e do ambiente atravessa escritos dessa época), para seus sentidos conectados com as sensações do uso diário da cocaína, a escrita de algo que não testemunhou.

Em um texto de 1971, ele propõe um termo que poderia ser aplicado a essa situação: *autoteatro*. Oiticica, aliás, faria depois um pequeno filme com Andreas e Thomas Valentin, amigos desse período, em que ele reencena a morte de Oto na cama de sua casa em Manhattan. Vive a morte de Oto como narrador e personagem, sorve-a como evento estético e ético frente ao compromisso do homem até o fim da vida com seu prazer. Um prazer que o leva até o limite da existência, porém também o leva além no gesto final desenhado e encenado da bomba flit o afogando em brancura e excitação. Fazendo alusões a Jean Genet, autor que amava, Oiticica indica que Oto era um tipo raro para quem qualquer outra morte não valeria a pena.

V

Muitos pensam que Oiticica morreu de overdose, mas em 1980 ele teve um derrame por conta de um quadro de pressão alta e faleceu. Paulo Mendes Campos, se não era usuário de drogas ilícitas, era alcóolatra e faleceu por complicações relacionadas ao vício. Apesar desse histórico, em ambos a droga não se tornou tema central de suas vidas artísticas. Os textos aqui percorridos são momentos específicos em que o tema atravessa um desejo de escrita permanente. Campos e Oiticica escreviam sobre tudo, eram produtores infatigáveis de corpos escritos, deles e dos outros. Os relatos envolvendo usos de drogas próprios e alheios se colocavam ao lado de centenas de outros que não faziam uso do tema. Eram singulares e, ao mesmo tempo, foram esquecidos em meio à profusão de textos que escreveram ao longo da vida.

Os narradores desses textos, porém, se destacam na produção de corpos que não estão presentes no âmbito da consciência, mas são ativados nos conjuntos de letras que os materializam. Rememorar o delírio próprio ou reviver a morte alheia fazem com que a droga seja apenas um motivo — literário, sem dúvida — para que se façam personagens. Relatar racionalmente os sentidos expandidos ou reencenar o êxtase de um corpo moribundo são operações que partem de perdas incontornáveis — algo não está ali — para produzirem presenças eternas. Intimidades moleculares e corpos-ambientes cujos narradores se diluem em experimentos de si e do mundo e se refazem na alteridade radical da escrita. Afinal, narrar é, sempre, experimentar a si, ao outro e ao mundo. É dar corpo ao que se deseja viver — desde a intimidade com as moléculas até o êxtase das ressureições.

Groovy Promotion — Hélio Oiticica, Waly Salomão, literatura e amizade

A relação entre o artista visual carioca Hélio Oiticica e o poeta baiano Waly Salomão é fruto direto de trajetos em comum na vida e na arte, amarrados por um compromisso de ambos com a leitura e a escrita. No caso específico de Oiticica, um artista visual que incorporou em suas práticas criativas a literatura, sua produção textual incessante ao longo de sua trajetória sempre teve como mediação outros escritores. Nessa perspectiva, é sintomático que Oiticica tenha se cercado de grandes amigos que viviam da literatura e do livro como espaços de produção de sentido. Entre esses amigos, alguns se destacam em momentos-chave de sua vida. É o caso de Ferreira Gullar, fundamental nos anos 1950 e 1960, até a guinada do poeta ao Centro Popular de Cultura da UNE em 1961, ou dos Irmãos Campos (Haroldo e Augusto), verdadeiros mananciais de leituras, conversas, cartas, pedidos e interlocuções ao longo dos anos 1970. Outro desses amigos-escritores foi Silviano Santiago, crítico, professor, cúmplice dos dias de Manhattan, responsável por apresentara a Hélio os *Papéis sobre a cocaína* de Freud, além de leituras de Derrida e Nietzsche. Mas nenhum deles teve a amizade tão ligada entre vida, escrita e livro com Oiticica como teve Waly Salomão.

São bastante conhecidas as evidências desse grande laço pessoal e criativo. Uma amizade pautada não apenas no companheirismo, mas principalmente na produtividade. Aproximados em São Paulo, a partir dos encontros tropicalistas nos apartamentos de Caetano Veloso e Gilberto Gil em 1968, tornam-se parceiros inseparáveis desde então. A relação entre os dois era tanto orgânica quanto teórica. Sua interlocução era fluida e cúmplice nos principais temas e eventos de suas trajetórias pessoais e profissionais.

Hélio sempre deixou claro em seus escritos e declarações que Waly era um de seus parceiros fundamentais. Já o poeta baiano sempre afirmou em suas entrevistas e depoimentos que foi Hélio, ainda em 1970, o responsável pela sua "profissionalização" ao ler seus primeiros escritos e incentivá-lo a investir na poesia. Hélio inclusive propôs a diagramação e publicação de um livro (que sairia em 1972 com o título *Me segura qu'eu eu vou dar um troço* pela José Álvaro Editores). O planejamento do livro de Waly, aliás, foi um momento-chave para ambos. Waly morou durante esse período com Hélio e a sua família, estabelecendo uma conexão afetiva e criativa que perduraria até a morte prematura do artista visual.

É a partir dessa parceria em torno de um livro que Oiticica e Waly constroem sua amizade. Um laço criativo-afetivo cujas extensões se desdobraram em amores e trabalhos, em pensamentos e fofocas, em Rio, São Paulo e Manhattan. Sua amizade foi o encontro de dois leitores-escritores que liam com afinco seus autores e temas prediletos, e que tinham na prática escrita um espaço em comum de ideias e projetos. Quando lemos os textos de Oiticica ou alguns trabalhos de Waly nos anos 1970, essa relação literária entre eles fica nítida. E não é a ideia hierárquica de influência que deve ser levada em conta (quem influenciou a leitura de quem), mas sim a ideia de organicidade, isto é, de convivências e confluências estéticas entre seus autores. Uma confluência que os levava a uma sobreposição de temas, ideias e, principalmente, estilos. Em ambos, a transversalidade da leitura-escritora impregna poéticas e quebra hierarquias tanto da arte quanto da poesia. Ezra Pound, poesia concreta, malandragem de morros, cultura pop, Rolling Stones, Mondrians, *anti-Édipos* e Rádio Nacional vibravam em uma mesma sintonia e ativavam soluções originais nos textos de ambos.

Durante diferentes períodos, Oiticica e Waly moraram juntos tanto no Rio de Janeiro quanto em Manhattan. Enquanto o primeiro fica sete anos ininterruptos e sem voltas ao Brasil (dezembro de 1970 e dezembro de 1977), o segundo permanece na cidade norte-americana entre 1973 e 1975. Quando não estavam convivendo diretamente, trocavam cartas, mantendo uma comunicação permanente. Durante essas trocas, mais especificamente entre 1971 e 1973, Waly alimentava periodicamente o "repertório" do artista plástico com a criação de sua *Groovy Promotion*. A *Groovy* (ou *Groovie*, como chamava Oiticica) *Promotion* consistia em uma operação poética de corte e recorte de jornais. Waly selecionava e recortava cenas da vida brasileira daquele período, principalmente as que estivessem estampadas nas capas sensacionalistas dos jornais cariocas. A "promoção" era feita por meio do envio de pacotes/envelopes que o próprio Waly remetia a Oiticica pelo correio. Os envelopes continham notícias dessa imprensa popular carioca, com manchetes trágicas e fotos que, geralmente, abordavam temas da violência urbana. Na *Groovy Promotion*, as ações do Esquadrão da Morte, em pleno vapor naquele período, eram um dos pratos principais.

Hélio, que escreveu uma série de fragmentos e apontamentos sobre a iniciativa de Waly, deu a ela o status de produção textual. Ele chamou esse procedimento de prosa-pacote ou prosa-recorte, conceitos precisos para uma espécie de escrita do corte-recorte que, em sua visualidade, constitui narrativas abertas feitas a cargo de quem revela e maneja os conteúdos dos pacotes. A retirada da foto ou da manchete do contexto original do jornal e sua reinserção em outro contexto autônomo que não o da informação da imprensa era o que permitia que a *Groovy Promotion* ganhasse sua potência. Segundo Hélio, em anotações manuscritas sobre Waly em um de seus cadernos, datada no dia 16 de julho de 1971:

> GROOVIE é como q a esticada poética no tempo disso: a necessidade de iconificar O DIA-jornal-herói: a coincidência simultânea de camadas de front Page miserável: trópico-trágico: grotesco do MATA O CACHORRO E BEBE O SANGUE aparece em GROOVIE sob outro ponto de vista: os fragmentos cortados e juntados depois enviados são como q um tipo de prosa recortada montagem de fragmentos q se estende num tempo certo: WALY não seleciona iconificando mas temporalizando os assuntos desassuntos foto manchete de modo descontínuo como se construísse prosa-pacote ou prosa-recorte do banal melancólico ao alegre show do absurdo das eventuais assuntagens brasil-surrealista — Se nos seus textos q publicou em ME SEGURA QUE VOU DAR UM TROÇO ele monta prosa com a palavra escrita na GROOVIE ele monta com a tesoura e o ajuntamento no envelope q manda pra NYC ou para onde quer q seja.[1]

Essa escrita do corte-recorte de Waly, ou essa prosa-pacote montada com tesoura e envelope, tornou-se uma referência para

---

1. Arquivos do Projeto HO # 0189.71, p. 19— as notas com esta forma de indicação são referências a documentos retirados do acervo do Projeto HO e gentilmente cedidos ao autor.

os futuros procedimentos de escrita e montagem de textos adotados por Oiticica. Nesse período, Hélio planejava suas *Newyorkaises*, projeto de livro que se tornou um "programa *in progress*", aberto e permanente, trabalho sem fim.[2] A *Groovy Promotion* inaugurou uma série de ideias — e questões — para as *Newyorkaises* e para outros de seus trabalhos.

Os recortes de Waly também foram inspiradores para Oiticica nos seus projetos de cinema super-8 da época. No início, Oiticica ainda pensou em utilizar as fotos selecionadas por Waly para a realização de um filme, e não de um livro. Era o caráter imagético que dominava suas atenções até então. As dificuldades e os percalços técnicos para realizar seus projetos cinematográficos, porém, deslocaram o material para outro tipo de repertório — não mais imagético-visual, mas sim imagético-textual. A iniciativa de Waly colabora para que Oiticica mergulhe durante 1971 no planejamento — e divulgação — de um livro de fotos, sanfonado, com 54 páginas, poucos textos e muitas imagens enviadas pelos amigos no Brasil. Nesse primeiro projeto de livro — chamado ainda de *Subterranean Tropicália Project*, mesmo título de um labirinto planejado por Hélio nessa época — os conteúdos dos pacotes do poeta eram as principais estrelas. A *Groovy Promotion* mostrou a Oiticica uma espécie de "procedimento" na sua relação com a leitura e a escrita: a possibilidade de cortar e recortar a folha em branco, de sintetizar ideias através de imagens, de deslocar imagens e textos de seus contextos originais.

Outra questão aberta pela *Groovy Promotion* e os arranjos de Waly era a percepção, por parte de Oiticica, do que ele chamou de "relato do vazio". Em suas palavras,

---

2. Sobre as *Newyorkaises*, conferir Coelho, Frederico. *Livro ou livro-me: Os escritos babilônicos de Hélio Oiticica*. Rio de Janeiro: EdUerj, 2010.

GROOVIE são como momentos de leitura recortada q não tem intenção de contar o dia-a-dia diariado mas q se vai contando e juntando coincidindo com coincidências de ordem poética de um assunto-manchete confrontar-se com tópico-parágrafo de coluna obsoleta: não há preconcepção de "efeitos-criados" mas uma espécie de drift temporal q comanda a escolha do autor: como se cansado de montar textos WALY se renova-refresca na obsolência do texto diário do jornal q ao contrário das conotações autobiografadas poetizadas do diário-texto pessoal é a objetivação de atividades q se anulam na própria atividade de reportar os acontecimentos no jornal e atividade que se consome na forma da montagem-jornal: ela é o que foi montado na escrita mesmo q relate fatos: ela é não-narrrativa porque ela é consumida e não absorvida: é portanto não-poética não-prosa: contá-las e juntá-las e empacotá-las num grupo é como juntar o q já é bagaço na origem: é juntar a objetivação gráfica escritura esvaziada de todo e qualquer conteúdo representacional: não-representação: negação absoluta das anotações temporais da subjetividade humana: mais negativa q a superficial negatividade dos fatos q relata: <u>relato do vazio: o não do não</u>.[3]

Ao se apropriar criativamente dos jornais da época — e aqui vale dizer que Oiticica propunha uma ponte entre a *Groovy Promotion* e os *Flans* de Antonio Manuel, obra também feita na década de 1970 a partir do jornal diário como espaço de criação e subversão — Waly trabalhava com os "fatos do real" como matéria-prima. Se as notícias deslocadas de seu contexto original, porém, não "significam nada", não representam, e sim informam, elas são "objetivação de atividades que se anulam na própria ati-

---

3.Arquivos do Projeto HO # 0189.71, p. 19.

vidade de reportar os acontecimentos no jornal". Assim, a "prosa-pacote" de Waly, por retirar daí, desse espaço de não narração, sua matriz, já trabalha com elementos textuais que já são "bagaço na origem". A *Groovy Promotion* torna-se assim um objeto concebido — ou consumido — para além da não representação. Seu "bagaço na origem" faz com que esse processo de esvaziamento da representação seja radicalizado. Os recortes em um envelope esvaziam e embaralham as referências da notícia de jornal, os transformando no que Oiticica chama de o "não do não".

Quando Hélio recebia em Manhattan os pacotes com recortes e manchetes coletados por Waly, o que ele "lia" era "o relato do vazio". Trinta anos depois da fundação da *Groovy Promotion*, Waly nos mostra que esse *relato* permaneceu ecoando por muitos anos em sua obra — como nos mostra na conferência "Contradiscurso: Do cultivo de uma Dicção da Diferença":

> Nos meus intensos diálogos com Hélio Oiticica, eu aprendi que a vaziez era uma das qualidades mais desejáveis por um artista. Os artistas se repetem exatamente porque não passam por um período de abandono do *déjà-vu*, do que tinham feito, da linguagem que tinham alcançado, e não suportam aquele embate, aquela agonia interior que sobrevém — até que você atravesse e saia do outro lado e produza coisas —, e que chegasse a ponto até de abandonar provisoriamente ou suspender a categoria *artista* como uma tarjeta perpétua, como uma linha de montagem de uma produção fordista.[4]

---

4. Salomão, Waly. "Contradiscurso: Do cultivo de uma Dicção da Diferença". *Anos 70 — Trajetórias*. São Paulo: Iluminuras/Itaú Cultural, 2001, p. 78.

Esse trecho nos mostra que não havia fronteiras entre quem ensinava e quem aprendia: se Oiticica ensina para Waly sobre "desejar a vaziez" como condição primordial do artista, foi no trabalho de Waly que Oiticica ratificou sua percepção do que Waly chama de "abandonar provisoriamente ou suspender a categoria *artista*". Quando situa a *Groovy Promotion* em relação ao trabalho literário de Waly, Oiticica se refere a uma estratégia positiva do autor em deslocar seu foco de ação, suspender a categoria "escritor" e investir em recortes de jornal como produção artística (batizar com um nome, dar um "estatuto de objeto estético" etc.). Destacando o trecho citado acima, era como se Waly, "cansado de montar textos", conseguisse um novo espaço de ação, pois "se renova-refresca na obsolência do texto diário do jornal". Era o espaço vazio, árido e sem representação do jornal que permitia ao poeta refrescar-renovar seu repertório — e o repertório do próprio Hélio. Estaria Oiticica, como Waly, utilizando a mesma estratégia de "suspender a categoria artista" ao planejar livros durante os anos 1970?

Esse destaque para a importância dada por Hélio à *Groovie Promotion* é aqui apresentado para marcar a cumplicidade estética que existia entre ambos. Os trabalhos de Waly eram de suma importância para Hélio, e quase todos, de uma forma ou outra, foram incorporados em sua dinâmica literária. Nesse convívio intelectual e pessoal entre os dois, os textos de *Me segura* tiveram também um papel central. Assim como Oiticica enxergava nas *Galáxias* de Haroldo de Campos a grande obra a se inspirar no que diz respeito à forma de um livro ou ao uso de uma página em branco, os textos de *Me segura* — seu teor e sua voltagem poética — trouxeram para ele uma poesia e uma prosa possíveis de dar conta do familiar universo carioca dos morros, da barra-

-pesada das quebradas cariocas Mangueira-Mangue. Oiticica se reconhecia nas peripécias literário-marginais e no périplo de Sailormoon pelas prisões, como em "Apontamentos do Pav 2", ou nas caminhadas heroicas e reveladoras de "Roteiro turístico do Rio".[5]

Mas é sobre outro texto de *Me segura,* o autopromocional e autoquestionador "Um minuto de comercial", que encontro um comentário direto de Oiticica sobre a escrita de seu amigo e o impacto que sua leitura causava nele. Em um *Heliotape* de 1971, ou seja, anterior ao lançamento do livro de Waly, Oiticica comenta a leitura desse texto. Como em outros comentários críticos, o artista, a aproximação com obras de áreas diversas, nesse caso Heidegger e Brancusi, é reivindicada para explicar suas impressões poéticas.[6]

"Um minuto de comercial" é composto por uma série de fragmentos cuja intenção do autor é, simultaneamente, lançar e terminar seu livro. Utilizando reiteradamente as ideias de "comprem o livro" e a expressão "The end", o texto cria uma espécie de exposição do artista, ou melhor, de denúncia da condição agônica do escrito poético, produto que precisa ser vendido e ideia que nunca termina para tornar-se tal produto. De certa forma, era o mesmo dilema de Oiticica com seu livro não realizado: o planejamento minucioso de seu lançamento, de sua formatação, de sua necessidade financeira, ao lado da incapacidade de término, da

---

5. Sailormoon, Waly. *Me segura qu'eu vou dar um troço.* 2ª ed. Rio de Janeiro: Aeroplano, 2003. Vale destacar que em "FA-TAL — LUZ ATLÂNTICA EMBALO 71", texto do livro, Waly faz referência à "cadeia GROOVY PROMOTION", espécie de "cadeia de empresas" de Waly Sailormoon, codinome que assina o livro na época.

6. Oiticica, Hélio. "Heliotape". In: Sailormoon, Waly. *Me segura qu'eu vou dar um troço.* 2ª ed. Rio de Janeiro: Aeroplano, 2003, p. 200.

impossibilidade de parar de criar o próprio livro. Cito abaixo dois trechos de "Um minuto de comercial". O primeiro, na página 172:

> Me segura qu'eu vou dar um troço é um livro moderno; ou seja, feito obedecendo a uma demanda de consumo de personalidades. a narração das experiências pessoais — experiências de uma singularidade sintomática, não ensimesmada — se inclui como aproveitamento do mercado de Minha vida daria um romance ou Diário de Anne Frank ou Meu tipo inesquecível ou ainda como meu capítulo de contribuição voluntária para o volume Who is Who in Brazil.
> Uma imagem à venda: comprem o macarrão do Salomão. salada do Salomão.
> Noutro sentido, Me segura é muito tradicional, é uma versão feita por um lumpendelirante e pouco talentoso do grande romance Ilusões perdidas ou Recordações da casa dos mortos.

E o segundo trecho, na página 177:

> The end.
> Poeta prosseguirá transmissão desta série diretamente da sarjeta in "Caídos na valeta" — lançamento de alta classe **GROOVY PROMOTION**.
> The end. me comprem pra possibilitar prosseguimento dum programa de trabalho.
> **THE END** antes que m'esqueça dos versos doutro **DIAS** — exilálio de lombra sorumba sabiático — que não se safou do som das aves — salve — daqui: viver é luta renhida/ viver é lutar. quero fazer uma coisa bem viva: gravar um compacto, por exemplo. poder ver doudos escorpiões d'idade d'ouro de Scorpio rising.

THE END
comprem colaborem comigo comprem Me segura, recomendem.
THE END

Para Oiticica, o texto de Waly tratava, primeiramente, do que ele chamava de "problema de criação de condições". *Criar condições* era um dos lemas de Oiticica e de seus amigos nesse período. A ideia de criar condições é correlata ao lema de Torquato Neto, divulgado em sua coluna "Geléia geral": *ocupar espaços*. Isto é, não esmorecer em sua produção artística, não se contentar com o cerceamento da crítica ou do Estado ditatorial e torturador, não se conformar ao modelo acadêmico-literário ou à lógica mercantilista das galerias de arte. Nas palavras de Torquato, "espantar a caretice: tomar o lugar: manter o arco: os pés no chão: um dia depois do outro".[7] Oiticica apontava a exposição estratégica e irônica do poeta como um produto a ser vendido e consumido, uma especificidade da poética de Waly: criar condições de trabalho assumindo sua (dura) condição existencial. Cito Oiticica:

> O problema de criação de condições que o Waly coloca como espinha dorsal de seu trabalho na realidade é um problema universal, agora, essa questão na boca de Waly assume um caráter de conflito, quer dizer, assume uma dramaticidade que não só é espinha dorsal mas é o problema MESMO, entende?[8]

Me segura qu'eu vou dar um troço causou profundo impacto em Oiticica. Como disse mais acima, sua identificação não só com os pontos estéticos e formais do livro, mas principalmente

---

7. Neto, Torquato. *Torquatália*. Rio de Janeiro: Rocco, 2003, p. 315.
8. Sailormoon, Waly, op. cit., p. 200.

com seus assuntos e cenários tipicamente cariocas (cariocas do ponto de vista de Hélio), era um tema constante em suas cartas e textos. A publicação, aliás, teve aceitação por parte da crítica e permanece até hoje como um dos grandes livros da literatura brasileira daquele período. Alguns dos principais críticos de então — ao menos aqueles que não se furtaram a dialogar e atuar "no calor da hora" — foram leitores e comentaristas do livro de Waly. Antonio Candido foi um deles. Heloisa Teixeira (então ainda assinando como Buarque de Hollanda e que mais tarde reeditaria o livro através de sua editora Aeroplano, em 2003) esteve entre os que leram Waly de forma crítica e, em todos os seus trabalhos sobre os anos 70, situou o *Me segura* como referência de uma geração. No livro *Anos 70 — Literatura*, de 1979, Heloisa, ao lado de Armando Freitas Filho e Marcos Augusto Gonçalves, aponta o estilo fragmentário da escrita de Waly e seu "quebra-cabeça de flagrantes" como resultado de sua "tática Pound Tsé Tung", em um projeto "mais empenhado na campanha do que no resultado".[9] Essa leitura vai de certa forma ao encontro da leitura que pode ser feita sobre a obra de Oiticica — obra cujo processo sempre foi tão ou mais importante que o produto.

Outro crítico que dedicou atenção ao *Me segura*, ainda na época de seu lançamento, foi Silviano Santiago. O ensaio "Os abutres" é escrito para a *Revista de Cultura Vozes* em um período delicado do campo cultural brasileiro. Eram os primeiros anos da década de 1970, em que relações criativas e opiniões eram marcadas por profundas divisões de forças políticas e direções de ação cultural. Além disso, ocorria no país de forma subterrânea,

---

9. Hollanda, Heloisa Buarque; Gonçalves, Marcos Augusto; Filho, Armando Freitas. *Anos 70 — Literatura*. Rio de Janeiro: Europa, 1979, pp. 21-23.

porém consistente, a afluência — por meio de livros e artigos, principalmente — de um ideário ligado à ideia de contracultura e da chamada então "cultura marginal". Silviano morava nos Estados Unidos durante esse período e passava uma temporada como professor visitante na PUC-Rio (1972). Foi então que teve contato com os novos livros publicados no Brasil.

No poema-diálogo de Waly de 1972, também intitulado "Me segura qu'eu vou dar um troço", o personagem Guerreiro anuncia a fundação da GROOVY PROMOTION: uma empresa que "ofereça serviço de tradução às editoras, séries de reportagens aos grandes jornais, bole faixas slogans frases pra camisas, glossários para pesquisadores, resenhas, copidescagens etc".[10] Ao longo de outros poemas do livro, a "empresa" passa a ser responsável por lançamentos bombásticos de produtos e patrocínios inventados pelo poeta. Ao batizar seus pacotes de recortes enviados para Oiticica com o nome de sua empresa-poema, Waly fornece para seu amigo-parceiro uma base firme para voos estéticos mais altos. Para Hélio, a *Groovy Promotion* e seus recortes era mais do que um tema poético. Ela funcionava como tijolos de uma obra que se enraizava na sua própria produção e reflexão crítica em permanente expansão. Um diálogo pouco conhecido entre dois artistas cujos resultados ecoaram permanentemente em suas obras.

Aguarde: *Groovy Promotion*, em breve, numa loja perto de você.

---

10. Sailormoon, Waly, op. cit., p. 160.

Subterranean Tropicália Projects → Newyorkaises → *Conglomerado*: O livro infinito de Hélio

> *Time is on my side!*
> HÉLIO OITICICA, 3 de setembro de 1973

I

Existem muitos caminhos para que um artista proponha um livro. Não cabe aqui analisar os inúmeros momentos da relação entre as artes visuais e os meios editoriais. Vale destacar, porém, que nosso tema — a concepção, execução e desistência de um projeto de livro por parte de Hélio Oiticica — é fruto dessa relação. Ter a ideia de um livro não foi algo inédito no seu tempo, muito menos um fato isolado na arte brasileira.[1] Apesar disso, suas *Newyorkaises* almejavam uma singularidade. Ao planejar sua

---

1. No Brasil, as vanguardas concretas e neoconcretas dos anos 1950 elegeram o livro como espaço duplamente crítico e estético. Produziram, simultaneamente, publicações difusoras de novos saberes e (não) objetos performáticos. De forma singular, articularam tanto o projeto francês com origem em Stéphane Mallarmé e sua investigação espacial da página quanto o projeto das vanguardas construtivistas russas e sua investigação da palavra enquanto suporte imagético de códigos e formas.

publicação, Oiticica apontou sua obra para horizontes que foram além da tensão histórica entre palavra e imagem — e dos seus cruzamentos instáveis de sentidos e práticas.

Ela se inicia a partir de uma mudança decisiva na vida do artista carioca: sua ida para Manhattan em dezembro de 1970. Ao chegar na *Babylon*, Oiticica se encontrava também em um momento de transição em sua obra. Após duas prestigiadas exposições internacionais — uma individual realizada em 1969 na Whitechapel Gallery de Londres e uma coletiva, Information, realizada no MoMA em 1970 — ele chega em Manhattan com uma bolsa da Fundação Guggenheim e nenhum plano claro de trabalho. Passa a diversificar suas ações em direção ao cinema super-8, à elaboração de maquetes, gravações em fitas cassete e, principalmente, à escrita. Nos textos que ocupam cadernos e cadernos de anotações, temos a maior dimensão do projeto de livro que Oiticica produziu entre 1971 e 1977. Até mesmo os trabalhos feitos para além dos textos — como os *Penetráveis*, as *Proposições* ou as *Cosmococas* — não se descolam de uma escrita que os alimenta e expande suas possibilidades de leitura e fruição.

Ao analisarmos algumas ideias ao redor do projeto de livro proposto por Oiticica, devemos nos colocar a seguinte questão: o que o motivou em busca de um livro? Posto de outra forma, o que moveu um artista visual cujo centro do trabalho era o corpo em suas múltiplas relações com o espaço, a cor, o objeto e o ambiente, a eleger a escrita como suporte privilegiado de trabalho? Afinal, entre o desejo de escrita e o desejo de livro existe um longo caminho. Por que o livro? Por que investir tempo em um projeto que, em algum momento, foi interrompido? Tais perguntas nos acompanharão no texto a seguir.

II

Ainda durante a adolescência, Hélio Oiticica escreveu uma série de peças de teatro, encenadas em casa por seus irmãos e primos.[2] Antes mesmo de iniciar os textos especulativos em um diário datado de 1954, ele já era autor de dramaturgias. Sua relação com o texto ocorre em um ambiente familiar de formação humanista, em que literatura, pintura, fotografia, filosofia, história, línguas estrangeiras e teatro faziam parte do cotidiano. Escrever diálogos entre personagens, organizar os corpos em cenas, pensar desdobramentos ficcionais para suas tramas foi uma das iniciações de Oiticica no mundo das artes.

Documentos presentes em seu arquivo nos mostram que esses primeiros escritos datam de 1952. Em novembro desse ano, escreve em papel timbrado da Universidade do Brasil a peça *Fertilidade*. O drama em quatro atos se passava no interior do Piauí. Em julho de 1953 escreve outras peças, como *Os homens são sempre assim*, para ser encenada por sete atores em três atos, e uma versão datilografada da tragédia grega *Medeia*, também com três atos, trilha sonora e planos de montagem grandiosos. Além das peças, escrevia anotações esparsas e metafísicas em diários. Vale ressaltar que tais anotações nunca eram sobre a vida pessoal ou fatos privados do cotidiano de um jovem com pouco mais de quinze anos.

O que vale apontar nessa *origem do texto* é que sua relação com as artes visuais — e o olhar como um todo — apresenta uma

---

2. A presença de sua tia Sonia Oiticica, atriz de destaque no Rio de Janeiro durante os anos 1940/50, pode ter relação com a predileção de Oiticica pelo teatro na adolescência.

conexão direta com a escrita. 1954 é o ano em que Oiticica inicia com seu irmão César as aulas de pintura ministradas por Ivan Serpa e, simultaneamente, adota o diário como espaço de reflexão crítica sobre assuntos variados, sempre ligados de alguma forma à arte. Pintar e escrever são forças contínuas do mesmo processo criativo e da mesma vontade de explorar o sensível.

A partir de então, não existiu nenhum trabalho produzido por Oiticica que não tivesse sua extensão textual. Mais do que isso: entre um e outro trabalho, conceito ou projeto, era através da escrita que seu pensamento se movia. Das suas pinturas em telas e madeiras a sua espacialização em relevos, das placas suspensas dos *Núcleos* aos não-objetos cromáticos dos Bólides, cada passo foi escrito, registrado e arquivado. O que marca o percurso criativo de suas obras, portanto, é a palavra. O olho sempre contamina o texto — e vice-versa. Cada obra lhe colocava problemas que eram equalizados na prática plástica e, na mesma medida, na prática textual.

Não são poucos os textos em que Oiticica escreve expressões como "invento hoje" ("Ready Constructible", 1978), "Comecei hoje os estudos" (diário, 25 de novembro de 1960), ou "Inicio aqui" ("Poética secreta", 1964). Os escritos são atos concretos da obra plástica, parte de sua estrutura em permanente expansão no tempo e no espaço. Por outro lado, os textos são também a garantia mínima de permanência dessa expansão que, algumas vezes, reviu drasticamente seus próprios conceitos (como a negação dos *Metaesquemas* em 1972 ou a reinvenção dos *Parangolés* em 1975). Entre ser parte da transformação experimental de sua obra e ser a garantia de uma memória sobre o trajeto dessa experimentação, a escrita se instala em um espaço estratégico.

Lembremos que a formação do artista visual Hélio Oiticica se inicia pela pintura, mas não apenas pela sua prática. Ele foi leitor dedicado de pintores-escritores como Kandinsky, Klee, Malevitch e Mondrian. Além deles, leu com afinco, fazendo resumos e citações, ensaios de Ernest Cassirer, Goethe e Merleau-Ponty. Eram esses, basicamente, os autores que Oiticica manejava entre os anos 1950 e 1960. Após 1962, seus interesses iniciam uma lenta mudança ao se aproximarem dos temas relativos ao "não-objeto" de Ferreira Gullar e à participação coletiva. Esse deslocamento tem sua guinada definitiva em 1968, ao abraçar a tradição moderna da Invenção.[3] No Brasil, ela foi alimentada por preceitos poundianos (como o lema do *Make it new* ou o modelo do artista *inventor* em contraponto ao *diluidor*, presentes no *ABC of Reading*) e difundida principalmente pelos poetas concretos de São Paulo: Haroldo de Campos, Augusto de Campos e Décio Pignatari. Assim, sua prática artística passa a ter como motores não só o desejo de escrita, mas também a leitura produtiva, cujos temas e ideias eram rapidamente reutilizados por um leitor privilegiado na capacidade de fazer conexões entre o que se lê e o que se faz e o que se escreve. Ler para escrever, ler e escrever, *lerescrevendo*.[4]

Alguns dos maiores interlocutores de Oiticica ao longo da sua carreira foram ligados às letras e ao universo da literatura, da

---

3. Por volta de 1968, aprofundamento da repressão na ditadura militar brasileira e de conflitos mundiais, Oiticica também passa a comentar em cartas e entrevistas algumas leituras mais políticas, como os livros de Herbert Marcuse e Frantz Fanon.

4. Barthes, Roland. "Escrever a leitura". In: *O rumor da língua*. São Paulo: Martins Fontes, 2004, p. 29.

poesia e da crítica. São nomes como, além dos poetas concretos, Silviano Santiago, Waly Salomão, Ferreira Gullar, Rogério Duarte ou Torquato Neto. Tal relação de Oiticica com esse universo da leitura e da escrita em geral foi crucial em sua obra.[5] Mantendo-se até o fim da vida como um leitor diferenciado, era fluente em francês e inglês e cruzava gêneros e autores, indo da filosofia à poesia, acumulando referências e desenvolvendo apropriações estilísticas e teóricas para suas próprias incursões no exercício da escrita. Durante os anos morando em Manhattan, acumulou leituras de autores como, entre outros, Lévi-Strauss, Nietzsche, Hegel, Joyce, Dante, Pound, Maiakovski, Artaud, Gertrude Stein, Henri Bergson e Willian Burroughs. Tais leituras não despertavam em Oiticica apenas o desejo da escrita. Elas criavam verdadeiras ligações entre os autores lidos e o autor que escrevia a partir do lido. As ideias alheias lhe causavam forte impacto e estão espalhadas e reordenadas em diversos pontos de seu trabalho. O mesmo procedimento pode ser constatado na produção dos textos das *Newyorkaises*.

III

De fato, a concepção de uma publicação por parte de Oiticica começou antes de seu período em Manhattan. Durante sua estadia londrina em 1969, a força dos seus escritos fez do livro uma necessidade. O suporte, assim, não surge como ideia plástica (um livro-obra ou um livro de artista), mas sim como um espaço para

---

5. Sobre esse assunto, conferir Coelho, Frederico. *Livro ou livro-me: Os escritos babilônicos de Hélio Oiticica*. Rio de Janeiro: EdUerj, 2010.

seus textos. E o que Oiticica estava escrevendo desde 1968 eram, basicamente, ensaios críticos (sobre a arte e a cultura brasileira), poemas e prosas poéticas (chamadas por ele de "contos" ou "romance"). Nos dois últimos casos, os temas eram fabulações frequentemente retiradas de sua intensa vivência nos morros cariocas durante o período entre 1964 e 1968. Essa produção não necessariamente revela um grande escritor no que diz respeito a sua qualidade, mas confirma sua relação *maníaca* com a escrita, devorando em seus cadernos e folhas datilografadas múltiplas formas textuais.[6] Ao lado desses escritos críticos e artísticos, ainda temos, como sempre, a presença dos seus textos dedicados ao seu processo criativo e as cartas que sempre trocou, principalmente após se mudar para a Inglaterra.

É nesse momento que Oiticica passa a escrever para amigos anunciando a ideia embrionária de um livro. Talvez eletrizado pela fluidez com que produziu esses textos (ao menos cinco em dois meses), Oiticica vislumbra neles uma virada em seu trabalho e uma nova frente para sua produção. A escrita — a literatura, no limite — é mais uma prática em que o artista experimental se aventura a subverter e adequá-la aos seus novos projetos e à busca permanente pela invenção. Em carta para Nelson Motta, de 29 de novembro de 1969, ele afirma:

> Estou escrevendo, em português, uma série de contos, que pretendo mais tarde publicar; são em geral mais poéticos, mas sem pretensão de literatura nem nada; são como vivências autobiográficas; outros mais longos são autos, diretamente memórias poetizadas (os fatos

---

6. Barthes, Roland. *A preparação do romance — Volume. II.* São Paulo: Martins Fontes, 2005, p. 26.

são pequenas vivências que assumem hoje grandes coisas para mim). Uso um tipo de linguagem aberta, ambivalente sempre, o que me agrada.[7]

A mescla de gêneros serve para alimentar, ou melhor, para abrigar essa escrita que, segundo seu autor, é fruto de uma "linguagem aberta, ambivalente sempre". Para Mário e Mary Pedrosa, em carta de 5 de dezembro de 1969, essa questão da linguagem é retomada. Anunciando os trabalhos que levava a cabo em Londres e reinterando seu desinteresse pela cena cultural brasileira, ele anuncia a feitura do roteiro de seu filme *Nitrobenzol e Black Linoleum* (nunca realizado) e a escrita dos seus contos:

> [Um]a série de contos que comecei, e pretendo publicar daqui a um ano, sei lá; não são contos contos, dos que se conhecem, como já podem supor; são mais poemas, se se quiser, mas sou eu o tempo todo; quero partir disso para uma nova linguagem, não importam quais influências ou não.[8]

De volta ao Rio em 1970, Oiticica continuou produzindo textos com o mesmo interesse que dedicava às suas novas obras. O convite para a exposição Information (MoMA, julho de 1970) e a obtenção de uma bolsa de dois anos pela Fundação Guggenheim foram novos desafios profissionais que também se integraram

---

7. Projeto HO # 0964.69 — as notas com esta forma de indicação são referências a documentos retirados do acervo do Projeto HO e gentilmente cedidos ao autor.

8. Projeto HO # 0968.69.

ao seu processo de escrita. Sua contribuição para o catálogo da exposição no MoMA já apresenta um uso inventivo da sintaxe e da pontuação, bem diferente dos textos que escreveu nos anos 1960. Escrito originalmente em inglês, língua que domina desde a adolescência, o texto do catálogo já nos dá pistas sobre alguns eixos que orientariam o artista em sua estadia norte-americana. Os *Ninhos* expostos no museu nova-iorquino eram parte de uma ampla revisão do seu trabalho em direção à arte ambiental e ao *Crerlazer*, prática aberta e multissensorial, transformadora do cotidiano em espaço criativo e poético. Na sua última linha, Oiticica nos aponta um rumo para pensarmos as *Newyorkaises*: "An open plan that can be expanded. Grooow."

A frase é perfeita porque foi justamente esse o problema das publicações planejadas por Oiticica. Como qualquer *work in progress*, elas nunca pararam de crescer. Começaram como projetos simples e foram ganhando densidade tanto na escrita quanto na forma. De pequenos álbuns agregando textos e imagens, tornou-se um grande livro para, por fim, se tornar um grande arquivo. Ao longo dos anos 1970, foram esses projetos que absorveram suas ideias e costuraram suas obras. E foi também a ausência deles que permitiu ao artista a manutenção desse *desejo de livro* pulsando nos seus dias.

IV

É em 1972 que os diferentes projetos de publicação ganham o nome *Newyorkaises*. Sua origem é incerta, mas foi escolhido entre diferentes possibilidades. Ele pode vir de um texto do escritor norte-americano Barry Titus, intitulado "Mes 'voyages' new yorkais", publicado em 1966 na famosa revista francesa *Le Crapouillot*. Oiticica copiou em manuscrito longos trechos do ensaio em que o autor relatava uma série de experiências pessoais sob efeitos de entorpecentes. Apesar de não existir nenhuma afirmação por parte de Oiticica que indique isso, parte do título criado por Titus reaparece na lista de escolhas para o título de sua publicação.

De fato, a versão nova-iorquina do projeto de livro começou quando Oiticica planejava sua primeira intervenção na cidade. O projeto *Subterranean Tropicália Projects* consistia em um grande labirinto formado por quatro Penetráveis que deveria ser construído no Central Park. Com a impossibilidade de realizá-lo, Oiticica desenvolve a ideia de uma publicação que levasse o mesmo nome, mas ampliasse seu raio de ação. Ela traria a planta do labirinto e uma série de fotografias e textos que se relacionavam de alguma forma com as ideias do seu autor.

Essa proposta, pensada inicialmente em formato de um álbum nas proporções de uma capa de disco, acabou sendo executada não em um livro, mas no *centerfold* da revista *Changes*, em sua edição de dezembro de 1971. Trazia as plantas do seu projeto (chamado erroneamente de *Subterranea Tropicáia*) e seis fotos (algumas de seu loft na Second Avenue, outras com um poema de Augusto de Campos, uma foto de uma casa no Nordeste do Brasil feita por Carlos Vergara e uma foto do cadáver do guerrilheiro brasileiro Carlos Lamarca). É desse período o uso por parte de Oiticica da palavra "repertório" como uma estratégia discursiva e método de trabalho. Em uma das páginas da *Changes*, ele define o que era esse "repertório":

> *Repertory:* collection of propositions for various projects: cell-ideas not submitted to definite formal ends: also *propose to propose* issue as in former experiments: "presented" *open-images*, not a "representation" of anything "significant": poetically given repertorial images.[9]

É a partir dessa perspectiva que as *Newyorkaises* vão ganhando corpo. É na formação de repertórios como "collection of propositions" que Oiticica aposta na síntese como objetivo de escrita crítica. Em cartas para amigos, passa aos poucos a rejeitar textos demasiadamente palavrosos e ensaísticos e busca aplicar uma escrita em que fontes, pontuações e marcações gráficas influíam diretamente na fruição visual do leitor. Essa síntese pode ser vista no uso de setas e espaçamentos que quebravam o fluxo dos espaços em branco das folhas. O princípio poético-espacial de Mallarmé encontra a sobreposição entre palavra e imagem dos livros feitos durante o período da vanguarda russa.

Nesse ponto, é importante afirmar que um livro em especial deu a Oiticica alguns caminhos para sua produção. Se trata das *Galáxias*, conjunto de poemas em prosa escrito por Haroldo de Campos ao longo dos anos 1960 e publicados em partes até a dé-

---

9. "*Repertório*: coleção de propostas para vários projetos: ideias-célula não submetidas a fins formais definitivos — tudo isto inclui assim mesmo o tema *proposta de proposta*, usado em experimentos anteriores sobre: *imagens-abertas* simplesmente 'apresentadas', sem ter uma pretensão direta de ter uma 'representação' de algo 'significativo': são imagens de repertório que se dão de forma poética." Tradução adaptada a partir de *Hélio Oiticica*, Rio de Janeiro/Paris/Rotterdam: Projeto HO/Galerie Nationale du Jeu de Paume/Witte de With, 1992, p. 148.

cada de 1970.[10] Cada página do livro é um texto independente dos outros, sem ordem obrigatória de leitura. Essa perspectiva aberta dos textos e do livro fez Oiticica cunhar a expressão "Bloco-seção" (Block-section) para dar nome aos textos das *Newyorkaises*. Cada um deles tem começo, meio e fim e funciona de forma independente em relação aos outros. Em algum momento do percurso, o conjunto dos bloco-sessões formariam a publicação.

Entre muitas idas e vindas, o desenvolvimento do projeto de livro foi ocorrendo aos poucos, entre 1971 e 1973. Seu mergulho gradual na publicação o levou, inclusive, a pleitear junto à Fundação Guggenheim o apoio para a realização do projeto editorial — o que foi negado pela mesma. A partir daí, Oiticica passa a buscar parceiros editoriais tanto no que diz respeito à parte gráfica quanto ao que diz respeito aos seus custos. Em ambas as frentes, ele consegue parceiros importantes. Seus amigos e vizinhos Ted Castle e Leandro Katz, proprietários da editora independente Vanish Rotating Triangle (VRT) se comprometem a editar o livro. Já financeiramente, o colecionador brasileiro Luis Buarque de Hollanda assume em cartas a intenção de apoiar a ideia de Oiticica. Outro amigo a quem Hélio pede ajuda financeira é João Suplicy Hafers, empresário brasileiro que atuava então nos mercados de Wall Street. Mesmo com todos esses compromissos, Oiticica não realiza o projeto em seu formato final. A perspectiva de uma obra aberta, acumulativa e *in progress* não permitia que seu idealizador chegasse ao ponto em que definiria um fim para a empreitada.

---

10. A primeira edição completa das *Galáxias* é publicada em 1984 pela editora paulista Ex-Libris. Sua segunda edição foi lançada em 2004 pela Editora 34. Suas partes, porém, foram publicadas em diferentes publicações desde a década de 1960.

V

Dentre os Blocos-seções que ficaram definidos e que apresentaram versões finais por parte de Oiticica, vale a pena destacarmos aqui dois para entendermos como seriam os textos das *Newyorkaises*. Eles nos servem também para demonstrarmos como a escrita estava intimamente ligada ao trajeto artístico de seu autor. Os textos, ambos de 1973, são *Bodywise* e os vários escritos dedicados às *Cosmococas*.

Bodywise é um texto com 12 páginas datilografadas, com um adendo de uma página. Elas trazem transcrições dos textos originais, manuscritos em cadernos. Algumas das ideias iniciais relativas ao Bloco-seção não são incorporadas em seu formato final. Sua escrita é espacial, organizada em núcleos, trazendo recortes de livros, espaços para inserção de fotografias com suas fontes devidamente indicadas e registro de diferentes datas — ou seja, eram textos pensados e construídos por etapas. Além disso, ele é composto por um entrecruzamento de prosa poética e debate conceitual.

O termo *Bodywise* era o título do Bloco-seção e era, ao mesmo tempo, uma categoria-programa de Oiticica, assim como *Parangolé* ou *Crerlazer*. Ele a utilizava como instrumento conceitual para recortar os temas, esquadrinhar leituras e audições. Um trecho de uma música podia ser catalogado como parte de *Bodywise*, assim como trechos poéticos de Ezra Pound.

A motivação para a escrita de *Bodywise* é literária. Dentre uma série de leituras que se cruzam no texto, o ponto inicial é a tradução do poema japonês "Hagoromo de Zeani", feita por Haroldo de Campos.[11] Essa tradução, além de alguns encontros

---

11. Campos, Haroldo de. *Hagoromo de Zeami*. São Paulo: Estação Liberdade, 2006.

(em 1971 Oiticica e Haroldo conversam longamente no Chelsea Hotel, registro que se torna um dos *Heliotapes*) e trocas de cartas (especialmente uma carta do poeta comentando seu trabalho), inspiram Oiticica a percorrer as conexões possíveis entre o "manto de plumas" do poema e a relação da arte com o corpo.

Essa tradução ainda resultaria em uma série de outros escritos de Hélio, devido à ponte que Haroldo faz entre o "manto" e os *Parangolés*.[12] O envio para Oiticica de um trecho, traduzido ainda em 1969, fez com que uma série de relações com seu universo criativo fossem traçadas. O "manto de plumas" passa a dialogar com suas leituras e obsessões, como o rock dos Rolling Stones e de Alice Cooper, textos de Marshal McLuhan e Quentin Fiore, trabalhos de Lygia Clark e Vito Acconci. Em suma, os diálogos com a obra de Haroldo podem ser vistos como a peça que faltava para a composição de Oiticica.

No caso de *Bodywise*, o texto englobava uma série de experiências que, ao longo de suas 12 páginas, dão conta da relação do corpo, do espaço e da vestimenta — sintetizados inicialmente na metáfora do manto de plumas *hagoromo* do teatro Nô japonês. O início do texto, com um recorte da tradução de Ezra Pound e com uma reflexão sobre o texto japonês, abre a porta para as conexões entre diferentes linguagens sob o signo de *Bodywise*. Do manto de plumas da primeira página, Oiticica passa para as "mãos maníacas" dos fãs de rock tentando agarrar ídolos como Mick Jagger e Alice Cooper. Nessa transição, utiliza reportagens da *Rolling*

---

12. Para uma análise acurada das relações entre Haroldo de Campos, Augusto de Campos e Hélio Oiticica, conferir os trabalhos de Gonzalo Aguilar, principalmente *Hélio Oiticica, a asa branca do êxtase* (*Arte brasileira em tempos difíceis, 1964-1980*). Rio de Janeiro: Rocco, 2015.

Stone Magazine para destacar a forma como os fãs passaram a ditar uma nova etapa da relação entre a vestimenta performática, o corpo e o espaço. No passo seguinte dessa montagem, a relação cada vez mais intrincada entre vestimenta/corpo/ambiente leva seu autor a incorporar outras leituras que fazia na época — no caso, *Understanding Media* [Os meios de comunicação como extensão do homem], livro de Marshall McLuhan. É de onde retira a máxima "Clothing — our extended skin" [Vestuário — Extensão de nossa pele]. Leitor dos trabalhos dele com Quentin Fiore, Oiticica comungava com o teórico canadense da ideia de *ambiental* para falar do espaço.

A relação vestimenta/corpo/ambiente ganha novos elementos, dessa vez inventados por Oiticica, a partir da inserção dos *Parangolés* como contraface do manto de plumas de *hagoromo*. A vestimenta como extensão da pele é a vestimenta enquanto extensão de um corpo que se funde com a roupa e o espaço em um único evento. Nas expressões de Oiticica, tornam-se CAPA-CORPO/MANTO-CORPO.[13]

Bodywise é "exercitar limites do feito e fazer-se". Consiste em uma prática e uma condição criativa de experimentar-se nos limites do corpo e do espaço. Sua meta é a reinvenção microfísica das performances do cotidiano. Seu texto-proposta segue a linha da invenção e do desdobrar em si mesmo. Ele é uma espécie de tratado sobre como conectar bordas, como costurar vizinhanças. É também um texto emblemático para enxergarmos como seria a redação do livro planejado por Hélio. Sua diagramação visual, seus espaços para imagens, seus *samples* cortados e colados de livros alheios, suas referências de leitura, passando da tradução

---

13. Projeto HO # 0203.73, p. 3.

poética de Haroldo de Campos aos ensaios da teoria da comunicação de McLuhan, ligando os shows dos Stones no Havaí às obras de Lygia Clark e Acconci, eram demonstrações do conteúdo de um livro multidimensional e transdisciplinar. Os dois artistas, aliás, são citados pelas suas experiências com o corpo enquanto obra, com trabalhos que iam ao encontro das questões levantadas por Oiticica em *Bodywise*.

Essa escrita incorporadora constrói o texto como um painel de leituras e reflexões sobre o tema do corpo na arte, tão caro para Oiticica desde a invenção dos *Penetráveis* e de seus *Parangolés* ainda nos anos 1960. Podemos ver em um dos seus *cards* o registro minucioso de um planejamento desse Bloco-seção, especificando cada nome e trabalho que deveria ser relacionado. A partir desse *card*, em comparação com o resultado final, vemos que alguns autores como Antonin Artaud e Merleau-Ponty ficaram de fora do texto datilografado, e outros como Lygia Clark e Vito Acconci acabaram sendo incluídos. *Bodywise* nos remete, portanto, ao *nó* criativo apertando escrita e invenção na obra e no livro planejado por Oiticica.

VI

Um segundo exemplo dessa escrita inventiva alimentando um livro em permanente expansão são os textos produzidos para as *Cosmococas* (CCs). Como *Bodywise*, eles surgem primeiro em cadernos, escritos de um jeito em que as palavras extrapolam limites da língua, da linha e do espaço. Apesar disso, as versões datilografadas são fiéis aos seus originais manuscritos. Uma obra tão visual quanto textual, os textos originais das CCs mergulham em cada etapa da concepção e produção que Oiticica conduziu ao lado de Neville D'Almeida em março de 1973. Ideias, fotos e textos foram compostos simultaneamente nos diferentes blocos e cadernos que Oiticica mantinha em 1973 e 1974. Passo a passo, tudo foi teorizado, anotado, organizado — e traduzido.

Programa in Progress de *Blocos-experiências*, as CCs vão além das imagens de slides exibidas em diferentes ambientes. Elas constituem uma série de frentes de invenção que relacionam o cinema, a fotografia, a música, o corpo, a luz e, sim, um livro. Os textos com planos de montagem e instruções desse *programa* faziam parte direta de sua aplicação e foram prontamente incorporados ao planejamento das *Newyorkaises* (em anotações feitas na página inicial de um caderno no dia 27 de outubro de 1973, Oiticica anuncia que os textos a seguir fariam parte do livro em andamento). A presença de um olho que escreve é, assim, um dos principais elementos das CCs. Apesar de seus diversos textos manuscritos e datilografados não estarem aparentes enquanto imagens na execução ambiental das propostas (são nove CCs ao todo, sendo cinco delas concebidas junto com Neville), sem sua leitura, a fruição dos trabalhos é, até certo ponto, incompleta.[14]

Alguns dos próprios títulos das CCs — as quatro primeiras — já evidenciavam choques corporais entre nomes, objetos e expressões: *Trashiscapes* (CC1), *Onobject* (CC2), *Maileryn* (CC3) e *Nocagions* (CC4) são pequenas invenções de Oiticica, palavras-valise

---

14. Para uma leitura na íntegra dos textos relativos à produção e execução das *Cosmococas*, conferir Filho, César Oiticica e Coelho, Frederico (orgs.). *Conglomerado/Newyorkaises*. Rio de Janeiro: Azougue, 2014; esta parte do ensaio dialoga com o trabalho de Buchmann, Sabeth e Cruz, Max Jorge Hinderer. *Hélio Oiticica and Neville D'Almeida Block-experiments in Cosmococa program in progress*. Londres: Afterall Books, 2013.

fundadas nos eventos e objetos que participavam de cada proposta. É curioso percebermos que três dessas quatro *Cosmococas* tiram seus títulos e objetos fotografados dos livros e leituras feitas por Oiticica. Nas CCs 3, 4 e 5, o objeto utilizado como espaço de evolução das fileiras de cocaína — ou do *pigmento branco* como os autores queriam que a substância fosse entendida — eram livros. *Onobject* se refere a Yoko Ono e ao seu livro *Grapefruit* (1971), presente nos slides. Já *Maileryn* (1973) traz o sobrenome do escritor Norman Mailer e o nome de sua personagem em um famoso livro dos anos 1970, a atriz Marilyn Monroe. Por fim, a quarta CC, *Nocagions,* tira seu título da junção do livro *Notations* (1969) e do sobrenome de seu autor, John Cage.

Grapefruit, *Marilyn, a biography* e *Notations* estavam pela casa de Oiticica quando ele e Neville passaram a buscar os fotogramas e as *mancoquilagens* que compuseram o quase-cinema das CCs. Sempre vista como um trabalho em diálogo exclusivo com o cinema, as CCs tinham também essa profunda relação com o percurso de leitor e escritor de Oiticica. Os livros utilizados como *ambience* e as dezenas de páginas em português e inglês redigidas para definir e propor os usos desses trabalhos dão a medida do tamanho que a escrita ocupava na sua produção durante o período.

Essa comparação entre seus textos e as *Cosmococas* indica a relação direta entre a escrita e a imagem na obra de Oiticica. Os "momentos-linguagem" da escrita — a capacidade de incorporar as vivências imediatas em forma de linguagem — dialogam com os "momentos-frame" do *quase-cinema* desenvolvido com Neville. Assim como as CCs apresentam fotogramas como slides para formarem, em última instância, um "quase-filme" (em um "quase-cinema"), seus textos costuram fragmentos de textos próprios e alheios para formar em seu todo um "quase-texto" — de um "quase-livro". Assim como as CCs eram formadas por Blocos-experiências, a *Newyorkaises* era formada por Blocos-seções.

A "montagem-linguagem" (procedimento que, em carta para Lygia Pape, Oiticica localiza nas obras de Joyce, Pound, Sousândrade, Beatles e Bob Dylan)[15] era o procedimento indicado para um escritor-leitor, do mesmo jeito que os "momentos frame" eram o procedimento experimental indicado para um fotógrafo fazendo quase-cinema com fotografias. Era dar ao elemento incorporado (fosse texto ou imagem) uma organicidade aberta, sem a necessidade de impor uma hierarquia de saberes, sem silenciar outras vozes ou subordinar olhares alheios.

Para quem *liaescrevia*, *ouviaescrevia* e *viaescrevia*, um *procedimento de escrita* é mais importante do que um *estilo de escrita*. Montar o texto, dissecar suas partes, encarar os seus pedaços não como fragmentos, mas como fotogramas de um grande filme sendo montado ao longo da escrita — assim como o espectador monta as CCs durante sua exibição — eram ações constantemente postas em prática.

VII

Bodywise e *Cosmococas* são dois dentre muitos outros textos produzidos por Oiticica visando a montagem complexa das *Newyorkaises*. Em 1974, seu autor começou a colocar em xeque a viabilidade do projeto devido à quantidade imensa de frentes abertas. O livro de imagens com poucos textos, leve e breve, torna-se aos poucos uma extensa lista de Blocos-seções, uma compilação de

---

15. Projeto HO # 0210.71, p. 13.

textos-imagens contendo escritos e mais escritos. Na seleção dos Blocos-seções que formariam as *Newyorkaises,* os nomes dados a cada parte se intercambiavam e se sucediam nos cadernos ao longo dos anos, com novos Blocos acoplados a antigos, Blocos já prontos abrindo-se para dividir-se em dois novos etc.

Em um documento de 1974, sem data específica, Hélio anota o que ele chama de *Imprescindíveis para Newyorkaises*. Como se fosse um sumário hipotético do livro, ele enumera 14 Blocos-seções que ainda faltavam para montar a publicação. Ou seja, eram os Blocos que ainda teriam de ser feitos ou terminados. No próprio documento, porém, ele muda os Blocos de lugar, puxa setas indicando conexões, cria sub-blocos, subseções etc. A produção e as mudanças não tinham fim. Os Blocos, por tratarem de uma série de assuntos, textos e imagens, tornavam-se aos poucos *pastas* que Oiticica ia separando cuidadosamente em seu arquivo. Com o passar do tempo, essas *pastas* tornam-se um arquivo de textos a serem publicados, mas eles se acumularam cada vez mais. Aqui, inicia-se a transição das *Newyorkaises* para outra etapa — uma etapa em que tudo se acumula na moldagem de um novo espaço. Mesmo com investimentos garantidos para lançar a publicação no Brasil, Oiticica não conseguia organizar-se a ponto de determinar um fim na criação dos textos, um formato final ou o que fosse. Em novembro de 1973, ele indica para (a então cunhada) Roberta Oiticica sua perplexidade frente ao material produzido ao afirmar, no melhor estilo mallarmaico, que seu "livro" era "infinito". Sua produção de textos permaneceu durante todos os anos de 1974 e 1975 em ebulição, proporcionando novos desdobramentos e indicando esse infinito como único horizonte possível para a publicação.

Nesse momento, quando um "livro" torna-se mais do que qualquer livro poderia dar conta, no momento em que seu autor não consegue — ou não precisa — fazer a passagem entre o rigorosamente planejado e o materialmente acabado, não há mais nada a fazer a não ser assumir uma nova condição para o Programa não parar. Agora, o livro é um espaço lotado de pastas e fotos selecionadas, etiquetas, anotações, manuscritos e versões datilografadas. Hélio chama esse espaço de *Conglomerado*. É um nome que nos remete a uma espécie de reminiscência do período inicial de sua arte — pautada no princípio construtivista da organização estética do espaço — e a esse ponto-limite da ausência do objeto transformado em conceito-metáfora.

Em fevereiro de 1975 (carta para Mary e Mário Pedrosa) Oiticica já assume o nome de *Conglomerado* e admite que não conseguirá publicar todo o material produzido em uma mesma publicação.[16] Seu projeto se desmonta e novamente se desloca para uma nova etapa de planejamento (a última), em que os Blocos poderiam ser lançados separadamente, *in progress*. Essa foi uma das últimas vezes que Oiticica se referiu a sua publicação como um objeto concreto a ser lançado no mercado editorial. Nos seus últimos dois anos em Manhattan, ao falar da compilação de textos e Blocos-seções produzidos em todo aquele período, o longo percurso do seu trabalho visando uma publicação tornava-se, enfim, pura palavra: *Conglomerado*.

Sem a publicação de qualquer Bloco-seção, suas pastas fundaram um espaço em que não há editora, não há capítulos, não há forma, não há nem mesmo um objeto. O que nos resta nesse espaço é, caso quisermos definir como provocação, um *não-objeto*:

---

16. Projeto HO # 1411.75.

o livro apenas como conceito-metáfora, como simulação de um objeto cuja definição não sabemos ao certo. Como outros trabalhos de Hélio, *Conglomerado* passa a ser um nome relativo a uma definição espacial — um recorte estratégico dentre uma massa de documentos guardados pelo seu autor.

Na "Teoria do não-objeto", de 1959, Ferreira Gullar define o não-objeto, entre outras propostas, como algo relacionado ao "renascer permanente da forma e do espaço". Além disso, o não-objeto "não se esgota nas referências de uso e sentido porque não se insere na condição do útil e da designação verbal".[17] Mesmo que tais conclusões tenham sido formuladas para obras como os *Bichos* de Lygia Clark ou as esculturas de Amílcar de Castro, elas poderiam ser definições precisas para o *Conglomerado*: um *não-livro* em permanente transformação da sua forma e do seu espaço, um não-livro cujo entendimento não se esgota na sua referência objetiva de uso e sentido. É um não-livro porque após tantos esforços para publicá-lo, seu resultado infinito "não se insere na condição do útil" do objeto proposto.

Se aproximarmos esse espaço fundado a partir da ausência do objeto a alguns dos princípios da teoria de Ferreira Gullar, podemos enxergar no *Conglomerado* de Oiticica, na culminância desse processo de rejeição do produto final e da "obra acabada", a constituição desse único livro possível: o *não-livro*. Em sua apropriação voraz e prazerosa do Livro como estrutura criativa, ele explode a publicação em todos os seus limites, a ponto de radicalmente não termos mais um livro, e sim um espaço conceitual de textos.

---

17. A "Teoria do Não-Objeto" foi publicada no Suplemento Dominical do *Jornal do Brasil* em 19 de março de 1958.

É esse espaço de textos que, durante sua breve volta ao Brasil (Oiticica chega ao Rio no final de 1977 e morre em 1980) é defendido como *obra*, como o único manancial de informação de seu trabalho durante seu período em Manhattan. Em entrevista para Jary Cardoso, concedida logo em sua volta ao país, Hélio anuncia que o *Conglomerado* "é um livro que não é livro, é conglomerado".[18] Já em sua última entrevista, feita pelo pintor Jorge Guinle Filho, em 1980, uma semana antes de seu derrame solitário em um apartamento no Leblon, Hélio se refere novamente ao *Conglomerado* ao tentar mostrar o quanto de trabalho havia feito e acumulado em Manhattan. Sua explicação é que "a maioria das coisas são feitas no papel" e que ele queria "publicar essa coisa toda que eu chamo de Conglomerados porque isso aí foi uma coisa intencional, de não ficar criando objetos".[19] A única entrevista em que ele expressa uma possibilidade palpável de publicação é para a revista *Arte*, em outubro de 1978. Nessa entrevista, Hélio destaca seu *Conglomerado*, descrito pela repórter como "uma síntese de tudo que fizera antes" e uma "formulação escrita, um livro que não é livro".[20]

Utilizando uma expressão cunhada por Oiticica, ele *livrou-se* de seu projeto mesmo sem um *livro*.[21] O *Conglomerado* garantiria

---

18. Projeto HO # 0944.78, entrevista feita em São Paulo no dia 5 de novembro de 1978.

19. Projeto HO # 1022.80, entrevista publicada na revista *Interview*, s/d.

20. Projeto HO # 1020.78, entrevista publicada na revista *Arte*, outubro de 1978. Nessa entrevista é anunciado inclusive que o livro de Oiticica seria publicado pela editora Pedra Q Ronca (que publicara livros de Waly Salomão e de Caetano Veloso). Como podemos ver nas entrevistas dos anos seguintes, esse projeto não se consolidou.

21. A frase "Livro ou leave-me" encontra-se em carta para Carlos Vergara, Projeto HO # 1071.73.

para a posteridade que, mesmo sem o livro, "nunca tanta coisa foi feita". Livro ou *leave me*, em seu preciso jogo de palavras, elas não formam uma contradição, mas sim um complemento: seu autor se viu livre através da elaboração de um livro infinito e planejou um interminável livro por ser livre. Quanto maior o rigor, maior a liberdade. Ao contrário do que pode se pensar, esse *não-livro* como resultado de sua longa empreitada não foi desperdício de energia ou de tempo. Uma prova de que, mesmo sem a realização final do projeto, o trajeto criativo foi a própria INVENÇÃO de sua ideia original. Palavras em movimento. Programas em progresso. Livre em livro.

Onde se vê dia, veja-se noite — Notas sobre a crítica em tempo de contracultura

> A História pode talvez não ser um pesadelo, mas a historiografia político-cultural-literária certamente sempre será.
>
> Waly Salomão, 1979

I. Contra a cultura

A contracultura não é um gênero literário, apesar de ser usada como classificação geracional de obras produzidas nos anos 1960 e 1970. A contracultura também não é exatamente um espírito de época ou uma categoria coesa e de aplicação pacífica sobre objetos estéticos. A contracultura não é nem mesmo uma certeza histórica, dadas suas diferenças internas no que diz respeito aos múltiplos desdobramentos e origens que cada população fez dela. Contracultura, portanto, é um termo que, apesar do seu uso corrente, torna-se cada vez mais difuso, complexo — e, no limite, vazio. Se atualmente um olhar retrospectivo ainda leva necessariamente em conta seu aspecto histórico — isto é, a vinculação com o período de rupturas epistemológicas, políticas, sensoriais e estéticas que acontece no Ocidente, mas também em países do Oriente, durante as décadas de 1960 e 1970 —, é porque ocorreu ao longo dos anos posteriores um esforço em situar tais transformações dentro de um mesmo feixe de eventos que, de certa forma, pode nos fornecer um painel de causas e consequências.

Mas e se pensássemos a contracultura não pelo seu aspecto normativo, isto é, o que define um estilo no tempo, mas pelo seu aspecto subversivo? Se a estudássemos como um conjunto de pensamentos e práticas que se instaura contra a forma hegemônica de seu tempo — seja institucional, seja filosófica, seja moral, seja artística? Aqui, irei apostar em uma perspectiva que analisa práticas *contra a cultura*, isto é, aquelas que se instalam de forma produtiva e experimental no espaço de fermentação da diferença para a abertura de outros corpos, outras vozes, outros textos.

No caso brasileiro, em que tais práticas podem ser pensadas no encontro entre os estereótipos comportamentais da contracultura internacional (o hippie, o beat, a macrobiótica, a filosofia budista etc.) e a necessidade de se inventarem novos espaços de circulação e ação para artistas e pensadores que não se encaixavam nas ofertas de "cultura nacional" do seu tempo de repressões e censuras, situar-se contra a cultura transcendia o uso de cabelos compridos, componentes lisérgicos ou as orientações sexuais de cada um. Num tempo em que tudo é visto como "perigoso, divino e maravilhoso", devemos estar atentos aos perigos de colarmos acriticamente biografias transgressoras com produções experimentais ou desviantes aos cânones vigentes. Nesse período, o comportamento privado transgressor nem sempre pode ser visto como uma extensão natural do pensamento e da produção intelectual pública de cada um.

Ao trabalharmos com obras e nomes ligados automaticamente pela crítica a tal universo estereotipado da contracultura, geralmente vemos biografias e aparências rasurarem potências críticas em prol de lugares-comuns. Aqui, mais do que nunca, é preciso primeiro entender os limites porosos entre obra e vida. A reinvindicação de um corpo que atua para além do código letrado, isto é, como realização performativa do pensamento e não apenas como livro, texto ou poema, demarca nitidamente a singularidade desses trabalhos ao transbordarem o termo "contracultura" e seu recorte histórico-genérico. Ao fazer uma operação metodológica de distanciamento crítico (afinal, já são mais de cinquenta anos entre nós e os anos 1970), creio ser possível repensar os fundamentos de um discurso da alteridade no Brasil que se estabelece no período e se espraia, ainda, no contemporâneo. No caso mais específico deste ensaio, proponho pensarmos, ainda de forma embrionária, os desafios de instaurar no âmbito do discurso letrado, da escrita literária, da crítica, e até mesmo da Universidade, uma singularidade de corpos e ideias que marcam, frente ao discurso crítico de seu tempo, um estatuto radical da diferença.

E como a crítica feita ao longo dos anos 1970, ou seja, no calor da hora, se relacionou com novos participantes do jogo literário e da economia das opiniões públicas? Como ela absorveu o fenômeno da reinvenção de materialidades textuais e da instauração da experimentação como extensão dos debates entre formas e conteúdos revolucionários que clivaram os anos 1960? Como ela dialogou com uma geração que se alimentava tanto do livro quanto da cultura de massa em um período de firme institucionalização das pós-graduações de letras, do crescimento de novos princípios teóricos no interior das mesmas ou da expansão dos tabloides, revistas fugazes e suplementos que ampliavam o papel da crítica? Como, enfim, lidar com esses escritos-do-corpo, esses beijos na boca, esses Cremes de luas, esses Chás com porradas, essas Atualidades Atlânticas? Como abordar escritos que explodem em celas de prisão, em hospícios, em festas, em shows, nas praias, na rua? Sem oferecer respostas a tantas perguntas, sugiro a seguir algumas notas e caminhos para pensá-las.

II. Categorias de acusação

A contracultura, enquanto categoria de análise da produção intelectual de uma época, é um corte seco. Recurso que descontinua a história e a congela. Waly Salomão falou repetidas vezes que se negava peremptoriamente a ser visto como um representante da contracultura brasileira. "Eu subo e desço, mas não desaguei de todo ainda", gritava ele em 1979, em entrevista publicada no livro *Anos 70 — Literatura,* com organização de Heloisa Buarque de Hollanda, Armando Freitas Filho e Marcos Augusto Gonçalves.

Uma das formas críticas mais usuais para dar cores locais ou deslocar o tema da contracultura em direção a uma circunstância histórica é o *pós-tropicalismo*. O termo, surgido nos livros e textos que, no início dos anos 1980, fizeram panoramas e balanços sobre as movimentadas décadas anteriores, define um evento específico que demarca uma transição contraditória: por ser "pós", apresenta um caráter póstumo na sua origem (não é por si, mas por algo que já morreu antes de existir); ao mesmo tempo, por não ter definição na própria prática, indica um caráter em aberto de algo que vem aí. Como não é sem o que já foi, (isto é, o Tropicalismo), o "pós-tropicalismo" só pode ser uma passagem para algo que virá em um futuro que ainda não chegou.

Se com "pós-tropicalismo" fazemos um corte seco claramente histórico-diacrônico dos eventos reunidos sob o guarda-chuva da contracultura brasileira, outro termo muito usado (talvez o termo consagrado) para falar da contracultura no Brasil atua no âmbito político-moral: é o *desbunde*, palavra sem definição clara e retirada das falas da época, que adere facilmente tanto entre os detratores das experimentações artísticas como entre os que se propõem a pensá-las. Quando críticos usam "desbunde" ainda nos anos 1970, temos geralmente uma deliberada desqualificação de fundo moral e, por consequência da época, político. Em geral, o desbundado é um individuo ou coletividade sem compromissos claros com a sociedade, seja como agente ativo do capital produtivo, seja como agente político do engajamento de esquerda, seja, enfim, como produtor de um pensamento sério e comprometido com as grandes questões do seu tempo. Aqui vale um comentário para lembrar que Ítalo Moriconi faz um cuidadoso desvio desses padrões semânticos do "desbunde" ao analisar o uso da palavra em entrevista de Ana Cristina Cesar em 1978. Para Ítalo, ao assumir um desbunde, a poeta, de práticas vistas como "caretas" e sem contato direto com militâncias políticas, estava assumindo uma ruptura com as condições clássicas de circulação e fruição da palavra poética e, "cuidando da sua própria vida" (eis aí o desbunde), cria para si uma "personalidade poética autoconsciente", que a libera para seus próprios voos críticos e literários.[1]

Em artigo de 1978 intitulado "Duas categorias de acusação na cultura brasileira contemporânea", Gilberto Velho nos mostra, dentro de suas preferências teóricas de então, como a categoria "doente mental" era instrumentalizada de acordo com grupos

---

[1]. Moriconi, Ítalo. *Ana Cristina Cesar.* Rio de Janeiro: Relume-Dumará, 1996, p. 32.

desviantes, como os (e aqui uso termos do antropólogo) "drogados" e os "subversivos". Cartografado e politizado por Michel Foucault em seus estudos da década anterior, a figura social do "louco" era inserida em uma disputa no Brasil justamente no momento em que artistas e intelectuais encontram nos debates da antipsiquiatria europeia e norte-americana um espaço produtivo de leituras e referências. É, por exemplo, em jornais como *Flor do Mal* que Antonin Artaud passa a circular politicamente como figura-chave para uma desvinculação do louco como "categoria de acusação". Através de uma rede criada por jornalistas, artistas, poetas, escritores, psicanalistas e outros agentes, foi possível, mesmo que de forma menor, reivindicar o lugar de fala dos que escapam da norma e caem nas "categorias de acusação". Tanto o louco quanto o drogado e o subversivo são perigosos porque constituem, novamente nas palavras de Gilberto Velho, uma "ameaça política à ordem vigente" e devem ser, no ponto de vista do *status quo*, "identificados e controlados".[2]

III. Teoria e Medo

Identificar e controlar os corpos. Se abusarmos das aproximações que as categorias de acusação vão sugerindo ao léxico paranoico-moralista do regime militar (louco-drogado-subversivo), derivamos para as ações de identificar e controlar as falas. Identificar e controlar os gêneros. Identificar e controlar os textos, identificar e

---

2. Velho, Gilberto. "Duas categorias de acusação na cultura brasileira contemporânea". In: *Individualismo e cultura: Notas para uma antropologia da sociedade contemporânea*. Rio de Janeiro: Zahar, 1987, p. 59.

controlar as teorias. Talvez identificar e controlar seja a contraface política de um fazer universitário que, por mais que estivesse trilhando um percurso mais flexível e autoconsciente da armadilha normativa, viveu se debatendo com o papel que a recente tradição brasileira lhe reservava: identificar (com pesquisa) e controlar (com as instâncias consagradoras) uma literatura brasileira.

Em 12 de dezembro de 1975 Ana Cristina Cesar escreve para o jornal *Opinião* um texto que, se feito hoje, ainda causaria polêmica. Em "Os professores contra a parede", ela publica um breve ensaio introdutório sobre os embates que ocorriam no interior das salas de aula dos cursos de letras no Rio de Janeiro. Pausa: em 1975 Ana Cristina Cesar tinha acabado de se formar no curso de letras da PUC-Rio. Ítalo Moriconi, em seu já citado livro da coleção Perfis do Rio dedicado a Ana Cristina, define assim esse momento:

> Em meados de 1975, Ana Cristina formou-se em letras na PUC. Estava pronta para cair no mundo lá fora. Voraz. Ao lado de sua atividade como professora de português em colégios do segundo grau e de inglês na Cultura Inglesa, buscava inserir-se no universo do jornalismo cultural. A porta de entrada seria o *Opinião*, o mais respeitável dos órgãos da imprensa alternativa, lido pelo segmento mais crítico, cosmopolita e escolarizado da opinião pública.[3]

Vale destacar neste trecho que a jovem estudante de graduação ambiciona não a carreira literária ou a escrita de altos voos acadêmicos, mas o pragmatismo da escrita no âmbito jornalístico. Não se apresenta, portanto, um cenário apocalíptico nem para a estudante, nem para a crítica, nem para a docência.

---

3. Moriconi, Ítalo, op. cit., p. 25.

Só que no seu artigo de 12 de dezembro, Ana Cristina adota um lugar de franco enfrentamento com a universidade, ou, ao menos, com a sua experiência universitária. Vale lembrar que no curso de letras em que Ana Cristina estudou, as figuras independentes de Luiz Costa Lima, Affonso Romano de Sant'Anna e Silviano Santiago faziam, ao lado de muitos outros professores, o duplo trabalho de institucionalização qualificada do curso e atualização do repertório teórico dos estudantes. Mas é justamente essa atualização teórica que se torna o ponto problemático explorado por Ana Cristina. Cito aqui o trecho do artigo com a questão que, neste momento, nos importa:

> O direito de refletir sobre a literatura não precisa ser conquistado, está perfeitamente legitimado nas nossas universidades; a "crítica universitária" não corre nenhum perigo iminente. O libelo contra a "teoria" não deve ser considerado no seu aspecto irracionalista, mas sim como uma reação a uma *forma de impor*, à utilização de determinados termos e teorias em detrimento do aluno e da própria literatura.
>
> Trata-se portanto de *deslocar o eixo do debate* e passar a minar os mecanismos de poder e de repressão que têm sido exercidos dentro da instituição e contra os quais se ouvem críticas muitas vezes desordenadas. *Estas críticas não podem ser desprezadas por seu caráter caótico, pouco estruturado ou emocional, mas consideradas como sintomas de distorções que se manifestam na universidade.*[4]

Ou seja, a poeta, crítica e professora que anos depois faria não um, mas dois mestrados e que, ainda citando Ítalo Moriconi, vivia um conflito entre a prática literária crítica e editorial e

---

4. Cesar, Ana Cristina. *Crítica e tradução*. Rio de Janeiro: Ática/IMS, 1999, pp. 146-47.

seu tesão pela vida acadêmica, não está propondo que se ignore, boicote ou confronte cegamente a crítica em seu viés teórico--acadêmico, mas sim que se assumam suas condições políticas, cujas implicações são o estabelecimento de uma hierarquização dos saberes e dos espaços — sejam esses as salas de aula, sejam esses os livros e artigos especializados.

O texto de Ana Cristina é uma resposta direta ao artigo de Luiz Costa Lima, publicado também em *Opinião* um mês antes, dia 21 de novembro. O texto de Costa Lima faz referências a um debate bem mais amplo do que cabe aqui neste ensaio. Seu foco também ia além das resistências de setores do corpo discente em relação ao uso "duro" da teoria e sua "dispersa demanda", para fazer um jogo de palavras com o título do livro que traz o artigo em questão.

O que vale aqui ressaltar no fluxo de ideias é que os argumentos do professor, teórico e crítico literário de obra decisiva e longeva partem de uma premissa desqualificadora dos seus interlocutores. Afinal, o texto abre com a frase "Quando uma comunidade não tem a prática da discussão, o uso da linguagem crítica sempre lhe parece ameaçador". Os ataques à crítica — seja de intelectuais de formação humanista, fora da universidade, seja de jovens escritores e artistas que rejeitavam a normatização do saber sobre a fruição prazerosa e intuitiva do texto — seriam fruto de uma má formação intelectual do debate público brasileiro. Dissecando em sete itens os tópicos mais comuns na desconfiança da teoria, Costa Lima não toca no ponto central que será atacado por Ana Cristina um mês depois: a relação entre sedução e sujeição, entre uma retórica da conquista do aluno e o controle de seu pensamento. Se o crítico defende a "propriedade da poesia para o homem", a ex-aluna defende "um olhar não-onipotente em relação à produção crítica".

Ana Cristina sabe que alguns dos ataques à teoria e seu desdobramento crítico são reações vazias contra uma das materializações concretas de discursos de autoridade. Mesmo libertários, mesmo simpatizantes com a esquerda, mesmo abertos às experimentações de corte biográfico e textual, os professores que dominavam o complexo código crítico em um período saturado de "últimas novidades" depois do longo marasmo de fundo sociológico, marxista e nacionalista, eram inevitavelmente relacionados ao campo semântico do poder e do controle. Identificar e controlar os corpos.

IV. Contágios

Em seu trabalho intitulado *Corpos pagãos — Usos e figurações na cultura brasileira (1960-1980)*, Mário Câmara nos oferece um painel das relações entre arte, literatura, poesia e pensamento crítico produzidos no Brasil durante as décadas em que, como vimos no início do texto, a contracultura se torna signo ativo das interpretações sobre o período. Ao abordar de forma engenhosa o papel das práticas contraculturais em diferentes obras — apesar de sua semelhança na subversão das formas, dos temas e das biografias —, Mário coloca o corpo transgressivo dos anos 1960/70 como rasura da tradição modernista ligada ao texto e ao livro como espaços estáveis da ação literária. Citando Mário, o corpo da contracultura brasileira "permite construir um entrelugar onde os códigos se cruzam". Indo mais fundo, ele cria um conjunto de corpos conceituais que podem ser pensados para além dos autores que o inspiram. São corpos abjetos, corpos sensuais, corpos sensoriais, corpos sexuais, corpos em movimento e corpos vampiros.

Sobre esses últimos, retirados da personificação de Torquato Neto no vampiro Nosferato, personagem principal do filme de Ivan Cardoso *Nosferato no Brasil* (1971), Mário mergulha em uma genealogia da representação do vampiro no imaginário ocidental, para, partindo de uma leitura da obra de Deleuze e Guattari, sugerir que o vampiro não filia, mas sim contagia. No âmbito de uma estética e de um pensamento crítico vinculados ao universo à margem — da sociedade, da Embrafilme, da Universidade, do mercado de arte, da grande imprensa etc. — vemos a instauração de um "imaginário corporal transgressivo". Nos usos da representação do vampiro, temos aquela que opera sua presença fantasmática — e errática — nas praias de Ipanema como um "devir marginal que age por contágio". Vampiros contagiam corpos e provocam epidemias.[5]

V. Vampiros

"A crítica é um vampiro." É com essa frase que José Guilherme Merquior abre seu ensaio "O vampiro ventríloquo — Notas sobre a função da crítica no fim de século". O artigo, publicado em 1981 na revista *Tempo Brasileiro*, edição 64, defende a tese de que, desde o fim dos consensos normativos e universalistas que ordenavam a crítica literária ocidental, esta se tornara um exercício condenado a viver do "sangue alheio" do autor, isto é, suas obras. Nas palavras de Merquior:

---

5. Câmara, Mário. *Corpos pagãos — Usos e figurações da cultura brasileira (1960-1980)*. Belo Horizonte: UFMG, 2014, p. 129.

A legitimidade da crítica passou a residir na sua capacidade de "parasitismo" no tocante às obras — muito embora essa dependência não impedisse a conquista da *distância* indispensável ao julgamento. O problema geral da crítica, desde o romantismo, se converteu numa questão básica: que fazer com esse destino de Drácula? Como distinguir o bom vampiro do morcego incompetente?[6]

Evoco o texto porque, além de confirmar a figura paradigmática desses tempos no país — o vampiro que Mário nos apresenta — ele dá voz ao crítico que assumiu a tarefa de conservar os limites normativos da crítica literária e apontar as supostas fraquezas das vanguardas experimentais da segunda metade do século no Brasil. José Guilherme Merquior foi um crítico contumaz do trabalho do grupo concreto de São Paulo e dos seus parceiros de experimentação, como os grupos do Poema Práxis e do Poema Processo. Essa postura de Merquior é importante porque, para boa parte dos artistas dos anos 1970 que se ligam aos termos desviantes da contracultura, do desbunde ou do chamado pós-tropicalismo, são leitores ou parceiros ativos dos irmãos Campos, de Décio Pignatari, de José Lino Grunewald e outros nomes das vanguardas dos anos 1950 e 1960. Eles motivaram polêmicas, mesmo entre escritores que não são diretamente vinculados aos poetas concretos. Um desses nomes é Cacaso. Ao contrário de Torquato Neto, Waly Salomão, Hélio Oiticica, Ivan Cardoso, Julio Bressane, Antonio Risério ou Paulo Leminski, escritores, poetas, cineastas e artistas que em diferentes momentos de suas

---

6. Merquior, José Guilherme. "O vampiro ventríloquo — Notas sobre a função da crítica no fim do século. In: *As ideias e as formas*. Rio de Janeiro: Nova Fronteira, 1981, p. 141.

vidas assumiram filiações e diálogos explícitos com a herança concreta, Cacaso teve um diálogo silencioso para o seu tempo sobre os poetas paulistas, e o teve justamente com o crítico José Guilherme Merquior.

No livro *Inclusive, aliás*, Mariano Marovatto apresenta o que era até então uma inédita troca de cartas entre o poeta e o crítico, quando o primeiro ainda tinha pouco mais de vinte anos (1966). O trabalho nos mostra que foi Merquior o primeiro entusiasta e responsável indireto pela publicação de *A palavra cerzida*, livro de estreia do poeta. Residente em Paris para estudos de pós-graduação, Merquior escreve uma série de textos em que fala de novos poetas cujos primeiros trabalhos escapavam da polarização entre uma lírica político-ideológica, de tom nacionalista, e uma linha vanguardista, cujo apego obsessivo à forma esvaziava a sintaxe e, por conseguinte, o próprio poema. Cacaso era um dos escolhidos, ao lado de José Carlos Capinam (curiosamente um compositor de música popular, parceiro de Caetano Veloso, Gilberto Gil, Jards Macalé e Edu Lobo) e Francisco Alvim.

Ao longo da troca de cartas entre Merquior e Cacaso, um evento demarca definitivamente um espaço de disputa em relação ao pensamento crítico da década de 1970. O poeta escreve em maio de 1967 uma carta ao crítico em que, encurtando uma longa história ao redor das amarras que a poesia consagrada de João Cabral poderia criar em seu trabalho, ele se mostra empolgado com a leitura de artigos e textos escritos pelo grupo paulista dos concretos. A resposta de Merquior, como um bom vampiro temendo uma epidemia de vampiros-morcegos que contaminasse o sangue de suas vítimas futuras, é uma longa carta-sermão (para usar a expressão de Marovatto) escrita no dia 2 de junho do mesmo ano, ou seja, quase que imediata. Em seu amplo conteúdo, vale destacar, dentre os diversos ataques proferidos pelo crítico, sua profecia final:

> Meu amigo, crítica boa é a que rende: a que aumenta substancialmente, sem mistificação, o conhecimento das obras. É poder de análise, não justificação masturbadora de dez anos de esterilidade. Pense no ano 2000: o que foi que os concretos deram à literatura brasileira? Cadê os poemas?[7]

O que nos motiva a citar esta carta de Merquior para Cacaso não é ratificar a posição anticoncretista do primeiro, notória e aberta em sua obra, mas sim a atração suprimida do segundo. Cacaso era um jovem poeta em busca de referências teóricas sobre a forma do poema, e os textos críticos dos poetas concretos apontavam novas leituras e referências que, para um jovem que adentrava os anos 1960 *vis-à-vis* com a ascensão da cultura eletrônica no Brasil, podia se aproximar de um arcabouço mais contemporâneo e simpático aos experimentos com a tecnologia e os *mass media*. Mesmo sem ir direto neste ponto, Merquior quer que Cacaso siga as normas clássicas do poema — e, por consequência, do pensamento crítico brasileiro de então. Não se trata aqui em absoluto de positivar o pensamento concreto frente aos demais pensamentos críticos do período, mas fica evidente que na disputa entre as vanguardas concretas, o engajamento político de esquerda e o purismo da teoria acadêmica, os primeiros foram situados como a parte mais frágil. Talvez não seja à toa

---

7. Merquior. In: Marovatto, Mariano. *Inclusive, aliás — A trajetória intelectual de Cacaso e a vida cultural brasileira de 67 a 87*. Rio de Janeiro: 7Letras, 2015, p. 39.

que poetas e pensadores que na década seguinte derivam para a marginalidade e deságuam no caldo confuso da contracultura se fiem diretamente aos concretos paulistas. Dentre as hegemonias da esquerda e da Universidade, ao menos no âmbito da crítica, o grupo ligado à poesia concreta só ganhará fôlego novamente em duas frentes não poéticas: a reedição da obra completa de Oswald de Andrade e sua aproximação estratégica com os compositores baianos Caetano Veloso e Gilberto Gil, além de todo o grupo de poetas, letristas e intelectuais ligados a eles. Nesse grupo, Waly Salomão, Torquato Neto e Hélio Oiticica serão fundamentais na reelaboração e continuidade do pensamento concreto e de seu paideuma.

Sobre esse encontro, Caetano Veloso relata em *Verdade tropical* que se trata da união entre os super-racionalistas (os concretos) e os irracionalistas (o grupo novato de intelectuais e escritores que depois seriam vistos como representantes importantes da contracultura no país — daí o irracionalismo). Claro que Waly, Torquato ou Oiticica estavam bem longe de qualquer forma irracionalista de expressão. Caetano faz, *a posteriori*, uma esquematização de polaridades entre velhos intelectuais das vanguardas modernas (iluministas, históricos, ciosos da posteridade) e jovens cujas carreiras em suas áreas eram incógnitas. Em 1968, período em que esses grupos se frequentaram, nem mesmo os músicos tinham a dimensão de seu futuro. Já os poetas concretos tinham dimensão clara de seu passado. Essa junção entre passados em crise e futuros em aberto fez dessa aliança criativa entre concretos e contraculturalistas um dos eventos mais singulares da produção cultural brasileira e mundial no período. Não são comuns os casos em que uma alta cultura de vanguarda moderna se articula com uma cultura transgressora do contemporâneo.

Os frutos foram diversos, nem todos bons, mas muito marcantes para o período — como as revistas *Navilouca*, *Código* ou *Pólem*. De certa forma, a produção intelectual ligada ao recorte da contracultura fez com que a profecia de Merquior caísse no vazio. Ainda se fala e se lê a poesia concreta nos dias de hoje.

VI. Um ato problemático

Poetas dos anos 1970 como Ana Cristina Cesar e Cacaso pensaram seus ofícios. Rompendo o espaço passivo do objeto de estudos e atualizando a prática metacrítica da poesia modernista e da poesia concreta, fizeram seus esforços de interpretação no calor da hora, refletindo sobre seu próprio ofício e seus limites. Com abordagens distintas, escreveram ensaios, teses e textos em que pensaram diretamente o tema. Já outros como Waly Salomão cumpriam por meio de entrevistas a missão autorreflexiva sobre sua produção e de seus contemporâneos. Se Cacaso, como vimos, abole suas simpatias concretistas, um poeta-crítico como Paulo Leminski se fia aos mesmos para justificar sua produção. Já Ana Cristina mergulha nos debates acadêmicos de seu tempo e aponta para um enfrentamento raro por dentro da Universidade.

Leminski publica, em 1986, a primeira edição de *Ensaios e anseios crípticos*. O livro reúne uma série de artigos escritos e publicados de forma esparsa na imprensa brasileira ao longo dos anos em que atuou como agitador literário nos jornais e revistas do país. Logo em seu primeiro texto, intitulado "Teses, tesões", Leminski propõe alguns princípios balizadores da relação entre a poesia e a teoria — e, por conseguinte, da sua relação com as mesmas. Ele aponta que, pelo viés histórico, até o Modernismo o poeta brasileiro "poetava" e o crítico "criticava". Não ocorreriam grandes misturas nessa divisão do trabalho literário. Com a entrada em campo dos poetas modernistas, principalmente Mário e Oswald de Andrade, o jogo muda de figura. Mas não só os dois. Basta lembrarmos da *História da literatura brasileira*, de Ronald de Carvalho, dos textos críticos de Murilo Mendes ou das coletâneas dedicadas à poesia e literatura do Brasil e da América Latina feitas por Manuel Bandeira. É fundada, portanto, a figura do poeta crítico, cuja metalinguagem e a capacidade de engendrar no interior do próprio fazer poético a crítica do seu ofício tem em Carlos Drummond de Andrade seu representante mais profícuo. Segundo Leminski, após Drummond, "poetar, para nós, virou um ato problemático".[8]

Em poucas páginas, o poeta paranaense consegue criar a dupla entrada de uma brevíssima história sobre o lugar do poeta-crítico e uma reflexão pungente do seu lugar nessa moderna tradição. Vale citar um trecho mais longo para situarmos essa bifurcação:

> Quando comecei a mostrar minha lírica em meados dos anos 1960, senti, braba, a necessidade da reflexão. Atrás de mim, tinha todo o exemplo da modernidade, de Mário aos concretos, tradição de poetas re-flexivos, *re-poetas*, digamos. De alguma forma, senti que não havia mais lugar para o bardo ingênuo e "puro": o bardo "puro" seria apenas a vítima passiva, o inocente útil de algum automatismo, desses que Pavlov explica... O mero continuador de uma rotina lítero-hipnótica.
>
> A maldição de pensar fez suas vítimas: em minha geração, vi muitos poetas se transformarem em críticos, teóricos, professores de literatura.

---

8. Leminski, Paulo. "Tudo, de novo". In: *Ensaios e anseios crípticos*. Campinas: Ed. Unicamp, 2011, p. 16.

Sempre invejei, confesso, esses trânsfugas. Eles lá no bem-bom da análise, enquanto a gente aqui nas agruras das sínteses...[9]

Por fim, Leminski arremata afirmando que duas obsessões o perseguiram na sua prática intelectual: a fixação "doentia" na ideia de renovação e a "não menos doentia" angústia quanto à comunicação. Essas duas "tendências irreconciliáveis" de certa forma moveram a poética de Leminski entre matrizes concretas e lirismos de canção popular. Sua "necessidade de reflexão", portanto, não se dá apenas por uma autoconsciência crítica, mas também pela sua percepção histórica acerca do lugar da poesia no Brasil dos anos 1970 e 1980.

VII. Corpos e livros

Como situar em linhas gerais a crítica literária brasileira da década de 1970 sem cair em automatismos e polarizações ideológicas? A pergunta é pertinente devido ao próprio corte político que críticos assumiram no período, deslocando muitas vezes o texto literário para um campo secundário frente esquemas, teorias e instrumentalizações. Apesar disso, a resposta é clara: se quebrarmos essa polarização excessivamente valorizada, percebemos que esse foi um momento de ampliação da quantidade e da qualidade. Os departamentos e pós-graduações em Letras apresentavam produções maduras ou, ao menos, comprometidas com seu tempo. Novos profissionais renovaram os jornais, revistas e tabloides. Nas salas de aula, era apresentado um arsenal de

---

9. Idem.

conceitos e leituras para as gerações que viviam o fim da ditadura militar. Ao mesmo tempo, temos a marca da contracultura naquilo que se chamou de "deslocamento das grandes para as pequenas questões". Isto é, instaura-se uma política do cotidiano, uma micropolítica da sociedade, uma biopolítica da existência, termos que surgem nesse período para dar conta de uma ruptura com as práticas ortodoxas da esquerda e dos demais movimentos político-institucionais do período.

Ao falarmos da produção crítica sobre a literatura brasileira nos anos 1970, temos nas obras e autores vinculados ao tema da contracultura um objeto pouco debatido e, quando debatido, raramente desvinculado de automatismos relativos a fraquezas, precariedades, ausências, silêncios. Temos também a presença incontornável de uma "tradição da ruptura" sendo invocada para situar as obras da contracultura (ou vistas como parte dela) em relação aos passados modernistas e às vanguardas concretas. Temos ainda, a presença em expansão dos *mass media* como limite da informação culta e da sua circulação. Citando Silviano Santiago em seu artigo "O assassinato de Mallarmé" (também de 1975, como os textos de Luiz Costa Lima e Ana Cristina Cesar), a produção literária da contracultura brasileira encontrava-se em um movimento pendular entre a biblioteca e a rua — com ênfase esmagadora da segunda.

O deslocamento do livro como centro definidor do discurso sobre o mundo e sua passagem para o termo mais democrático do *texto* foi de certa forma um retorno ao corpo. Negar o livro, como aponta o crítico Silviano no olho do furacão de seu tempo (e como fez Ana Cristina Cesar, preferindo o tabloide à vida acadêmica), é reivindicar o corpo na rua como ferramenta crítica, produtora de escritas-limite.

VIII. Dia e noite

Como citado acima, em 1971, o jovem cineasta Ivan Cardoso inventa um vampiro em plena praia de Ipanema. Cardoso já tinha sido assistente de Rogério Sganzerla e Julio Bressane em filmes como *Sem essa, Aranha* (1970) e *Cuidado Madame* (1970), e no ano citado inicia seus experimentos em super-8, uma nova tecnologia de filmagem, sem som direto, mas com imensa capacidade de independência para quem usava suas câmeras. Em sua série de *Quotidianas Kodaks*, ele faz *Nosferato no Brasil*. No filme de quarenta minutos, mudo, com sequências coloridas e em preto e branco, vemos a história de um vampiro que, após ser morto em Budapeste no século XIX, ressurge em pleno verão carioca de 1971, atacando sua população.

O vampiro de Cardoso era, como dito, interpretado por Torquato Neto. Com seus cabelos longos e sua capa preta, essa foi talvez a imagem que mais perdurou no imaginário sobre o poeta e compositor piauiense. Um vampiro nos trópicos, porém, inspira certos cuidados. Com limitações orçamentárias, sem iluminação artificial ou algo que o valha, o cineasta sugere um inventivo recurso para que o espectador não questione o vampiro faminto em pleno sol de verão. Em uma cartela que aparece ainda nas primeiras sequências do filme, lemos a frase que dá título a este texto: "Onde se vê dia, veja-se noite."

A inversão sensorial de um dia que se torna uma falsa noite — ou uma noite inventada, espécie de "escuro na luz" — é usada aqui na conclusão como imagem para uma abordagem dedicada ao espaço que a produção literária e artística ligada aos usos da contracultura no Brasil ocupou dentre a crítica do período. Não se trata de analisar a crítica sobre a contracultura, mas sim pensar algumas situações em que, abusando do termo de Merquior, vampiros sugam vampiros. Contrariando a leitura sobre a época, podemos enxergar na polêmica ao redor da teoria, do poema, do uso do corpo como recusa do livro e outros pontos que passamos por aqui uma confluência dissidente, se é possível o termo. Poetas como Leminski, Ana Cristina, Cacaso e Waly Salomão pensaram suas práticas, propuseram teorias sobre seus contemporâneos e expuseram seus dilemas em relação às múltiplas funções que o participante do campo literário brasileiro podia transitar na década de 1970.

Em vez de reforçarmos uma romântica resistência do poeta marginal e dos contraculturalistas frente ao "sistema" ou ao princípio crítico tradicional de mediação entre a obra e o leitor, o que vemos é um esforço conjunto em que professores, críticos, poetas e intelectuais em geral colocaram na mesa suas perplexidades frente à percepção de que, talvez, foi naquele momento que "inespecificidades" começaram a roer as bordas do que estamos hoje debatendo: onde se vê a eterna luz do dia de uma razão crítica pura, veja-se também a noite dessas críticas vampiras, ocupadora transgressora de corpos que, por contágio, se espalha até hoje.

Perdemos o bonde; não percamos a esperança

1

1972: Silviano Santiago deixa por um ano sua cadeira de Literatura Francesa na State University of New York at Buffalo para dar aulas como professor visitante na PUC-Rio. Após mais de uma década percorrendo diferentes universidades na França, no Canadá e nos Estados Unidos, o crítico, poeta, professor e ensaísta chegava a uma cidade que acumulava o deserto do exílio, o silêncio das prisões e a efervescência da transgressão cultural.

O Rio de Janeiro que Silviano observa naquele momento fora insuflado nos anos anteriores por experiências como os Domingos da Criação, iniciativa de Frederico Moraes no MAM Rio, as colunas de Torquato Neto e sua desconcertante "Geléia Geral" publicadas no *Ultima Hora*, a sequência impressionante de filmes produzidos pela Belair de Julio Bressane e Rogerio Sganzerla, a chegada dos Novos Baianos na cobertura comunitária da rua Conde de Irajá, em Botafogo, os shows de Gal Costa no teatro Tereza Rachel (gravados no disco *Fa-Tal*), as páginas "Underground" de Luiz Carlos Maciel no *Pasquim*, além de jornais experimentais como *Flor do Mal*, *Jornal de Amenidades* ou *Presença*. Tais manifestações se espraiavam na parte mais abastada da cidade e agregavam uma juventude que, nos fluxos de uma indústria cultural pop voltada para o consumo dessa geração, ocupava praias e ruas.

Não mais com passeatas políticas, mas ainda com o seu corpo. Outros corpos, outras políticas.

É esse o cenário que emoldura quatro dos onze ensaios publicados em *Uma literatura nos trópicos* nos quais me deterei nas próximas páginas.[1] Me refiro a "Os abutres", "Caetano Veloso enquanto superastro" e "Bom conselho", publicados em periódicos de 1973, e "O assassinato de Mallarmé", publicado em 1975.[2] Escritos em tons, abordagens e recortes similares, os quatro ensaios têm como ponto nodal o interesse (nada comum entre os críticos de então) pelo lugar da escrita e da palavra no âmbito da cultura jovem urbana do país. Para isso, Silviano investiga seus principais eixos criativos do momento: a poesia e a música popular. Suas novas práticas alteravam as bases do campo letrado brasileiro a partir de novos dispositivos discursivos e performáticos que chamam a atenção do ensaísta.

Os quatro textos são gerados a partir de um princípio que marcará para sempre a obra do crítico mineiro: o compromisso com a produção de seu tempo, mesmo que muitas vezes tal missão seja espinhosa. Eles nascem, portanto, de uma visada contemporânea que pegava bólides no ar — às vezes queimando os dedos, outras, alimentando ainda mais o calor que emanava de seus corpos inflamáveis.

---

1. O nome completo do livro, lançado pela editora paulista Perspectiva em 1978, é *Uma literatura nos trópicos — Ensaios sobre dependência cultural*. Foi o primeiro volume de críticas publicado por Silviano Santiago.

2. O primeiro foi publicado originalmente com o título "Os abutres: A literatura do lixo" na revista *Vozes* (janeiro), o segundo nos *Cadernos de Jornalismo/Comunicação* (janeiro/fevereiro) e o terceiro no *Suplemento literário de Minas Gerais* (7 de março). Já "O assassinato de Mallarmé" foi publicado no suplemento literário do *Jornal do Brasil*.

II

No conjunto do livro de 1978, tais ensaios sobre o contemporâneo marcam o contraponto exato para entendermos a trajetória de Silviano. Ao lado da apreensão daquilo que não só o pensamento, mas também o corpo, alcança, temos desde a análise arguta e radicalmente renovadora de nossa situação pós-colonial até textos sobre a tradição (Machado de Assis, Eça de Queiroz e José Lins do Rego) ou novíssimos como Sérgio Sant'Anna. Em muitos desses ensaios, Silviano maneja de forma pioneira conceitos vinculados ao pós-estruturalismo francês e seus autores (dos quais estudou e ouviu pessoalmente em encontros profissionais, principalmente Michel Foucault e Jacques Derrida).

Se não era muito comum críticos universitários se dedicarem a obras dessa geração de 1972, no caso de Silviano podemos entender sua visada sobre o tempo presente a partir de uma dupla estratégia: *atualização* e *mapeamento*. Em momentos de transformação das práticas estéticas e políticas, atualizar as chaves interpretativas e mapear o campo tornam-se tarefas fundamentais do intelectual (tarefas que certamente urge nos dias atuais).[3] Provavelmente sua perspectiva internacionalizada e os anos de distância do cotidiano cultural da cidade e do país tenham contribuído decisivamente para esse ímpeto etnográfico no início da

---

[3]. Em entrevista concedida a mim e a Sergio Cohn, feita em fevereiro de 2009 e publicada em 2011 pela editora Azougue na série Encontros — *Silviano Santiago*, o crítico afirma que "O mapeamento, que é o flerte das artes com a etnografia, ficou muito nítido nas décadas de 1970 e 1980, e foi rico porque nós estávamos vivendo uma determinada situação política, social, econômica que não estava prevista nos manuais". Coelho, Frederico (org.). *Encontros — Silviano Santiago*. Rio de Janeiro: Azougue, 2011, p. 213.

década de 1970.⁴ O crítico, movendo-se entre o rigor e o babado, define o espaço, delineia corpos, aponta linhas de força. Seu método consegue detectar — a partir do tom efêmero de jornais alternativos, da constituição fragmentada e pessoal das entrevistas (base de boa parte dos ensaios aqui citados), dos poemas velozes que passam de mão em mão e dos sons das ruas — o que chama de *uma nova sensibilidade*.

Nesse sentido, a abordagem cartográfica funciona como se o pesquisador tateasse com distância estratégica e curiosidade o espaço que adentra. Ela também se espraia pelos cursos inovadores que Silviano oferece no Brasil durante esse período. Em 1972, ao mesmo tempo que o professor dava aulas na PUC sobre manifestos das vanguardas históricas (tema latente no ensaio "Bom conselho"), o crítico observava nas ruas, praias e shows a formação de uma ideia de arte cujo vínculo com as vanguardas modernas brasileiras — fosse o Modernismo antropofágico e brasileiro de 1922, fosse o Modernismo geométrico e internacionalista dos concretos de 1955 — era disseminado ou contestado nas pautas do *Brasispero* de então.⁵

Nos quatro ensaios em questão, temos duas perspectivas gerais. Uma, do observador maduro, que olha de fora; outra do investigador informado, que olha de dentro. A primeira se encontra nas definições conceituais sobre as novas formas de a juventude urbana lidar com os códigos da cultura do século XX. A partir

---

4. Vale lembrar que naquele período se expandia entre as universidades a antropologia urbana, cujo trabalho de Gilberto Velho em estudos como *Nobres e anjos* é outro exemplo desse ímpeto etnográfico sobre a juventude urbana carioca da época.

5. Expressão cunhada por Torquato Neto.

das variadas formas de texto literário (poesia e música popular, principalmente), Silviano costura um perfil desse grupo que, na década de 1970, lidava simultaneamente com a recente tradição da ruptura vinda do nosso Modernismo e com a cena da contracultura internacional. Já a segunda perspectiva, de alguém que conhece os assuntos desse grupo de muito perto, é constatada pela presença invasiva e instigante de Hélio Oiticica — cujo nome e obra são citados nos quatro ensaios. Essa presença é fruto da aproximação pessoal e das trocas intelectuais entre o crítico mineiro e o artista visual carioca durante o período em que convivem em Manhattan. Ao se mudar para a *Babylon* em dezembro de 1970, Oiticica fica próximo do professor de Buffalo. O contato produtivo entre os dois, já comentado em diferentes textos pelo crítico, é fundamental para ambos. No caso de Silviano, sabemos que o artista lhe apresentou muitos dos meandros da marginália carioca em histórias, cartas e conversas sobre a cidade.

III

"Os abutres", "Caetano Veloso enquanto superastro" e "Bom conselho", como dito mais acima, foram publicados em diferentes veículos durante o ano de 1973. Pelas datas e referências que aparecem nos textos, porém, fica evidente que suas ideias foram gestadas durante o ano anterior. Ao lermos todos em sequência (como são organizados no livro), vemos como os assuntos se atravessam e se iluminam. O tema do "desbunde", abordado pelo viés literário em "Os abutres", retorna no texto sobre o superastro. Se no primeiro o crítico sugere um perfil cultural específico — e nem sempre positivado — para a geração batizada por ele de "curtição", é no segundo que ele anuncia com precisão o termo flutuante que tanto conformava quanto condenava quem fosse associado a ele.

Definição inédita enquanto conceito operacional até então, o desbunde, na perspectiva do contexto observado, seria "um *espetáculo* em que se irmanam uma atitude artística da vida e uma atitude existencial da arte, confundindo-se".[6] Já a *curtição* é a palavra encontrada naquele momento para o crítico enfeixar situações criativas e existenciais como "sensibilidade de uma geração, sensação, estado de espírito, conceito operacional, arma hermenêutica, termômetro, barômetro, divisor de águas".[7] O primeiro se refere ao campo do performático (um novo uso do corpo artístico), enquanto o segundo ao campo do sensível (uma nova regra de apreensão do objeto artístico e de suas práticas estéticas).

Na leitura de Silviano, o modelo de superastro proclamado por meio da figura de Caetano Veloso se insinuava em outras frentes nessa geração da curtição e do desbunde. Se alguns dos poetas chamados então de "marginais" não eram astros com a fama e o poder do compositor baiano, eles também se instalaram para além da linha que separava o poeta, ser da criação, do funcionário público, ser da profissão.[8] A geração do superastro

---

6. Idem, p. 142.

7. Santiago, Silviano. "Caetano Veloso enquanto superastro". In: *Uma literatura nos trópicos — Ensaios sobre dependência cultural*. São Paulo: Perspectiva, 1978, p. 123.

8. Aqui, claro, uso a figura do poeta-funcionário público que marca profundamente a poesia modernista brasileira em contraste com o poeta em tempo integral (e vida precária) dos anos 1970. Para um debate mais amplo sobre a poesia marginal desse período, conferir o ensaio "Quantas margens cabem em um poema? — Poesia marginal ontem, hoje e além", presente neste volume.

é também a geração em que poetas fazem a opção radical de existir, até o limite possível, da matéria poética escrita e falada. Na poética da "curtição" proposta por Silviano em 1973, poetas e artistas em geral não escapariam da armadilha experimental de serem "a imagem viva de sua mensagem artística".[9]

São esses corpos do happening e do palco permanente que se tornam abutres do lixo cultural do Ocidente e assassinam Mallarmé em prol de um paradigma sonoro-televisivo, deslocando a letra e sua força política para um espaço em que o corpo — transgressor, hedonista, consumista e consumível — ocupa o proscênio. É a cultura jovem de então que Silviano mapeia e investiga, citando revistas e jornais ou dividindo papos ouvidos nas ruas (basta ler o primeiro e vertiginoso parágrafo de "Os abutres"). Para executar sua tarefa, coloca em jogo um aparato teórico renovador na ampliação das intepretações geralmente rasas sobre aquele momento. Ao contrário de constatar inerte e afásico um "vazio cultural" (termo nostálgico cunhado por Zuenir Ventura em 1971), ele injeta potências e aponta impasses no fluxo criativo que se desenrola ao seu redor.

As potências ficam evidentes não só na dedicação em destacar trabalhos de iniciantes (Waly Salomão, Gramiro de Matos, Chacal, Charles Peixoto ou José Vicente) à luz das principais linhas de força da produção cultural brasileira até então (como o Modernismo de 1922, a poesia concreta paulista ou o corte tropicalista de 1968) como também na afirmação de que tais nomes instauravam um novo "período de sensibilidade aguda" no país. Já os impasses podem ser resumidos no que ele chamou

---
9. Santiago, Silviano, op. cit., p. 150.

de "silêncio teórico" dessa geração.[10] Nesse ponto, Silviano sugere que a ausência de uma reflexão crítica, no âmbito das novas sensibilidades do período, se manifesta no pouco-caso com o papel teórico-especulativo das ideias em prol dos *efeitos* da arte produzido pelas obras-acontecimentos. Isso se manifesta na ausência de perguntas mais ambiciosas sobre a realidade nacional por parte do artista jovem ou então no "não-falar" presente em entrevistas marcantes como as de Caetano Veloso e Gilberto Gil ao voltarem do exílio.

Na leitura de Silviano, tal silêncio (de perguntas e respostas) configurava um desvio do enfrentamento teórico sobre os papéis políticos em jogo ou sobre possíveis interpretações de seus trabalhos recentes. Ao mesmo tempo, não enfrentar esses desdobramentos no âmbito da recepção pública podia ser uma estratégia para escapar de leituras rapidamente necrosadas no discurso histórico (da arte, da política) em detrimento da efemeridade inapreensível no evento/palco da obra. É o dilema sintetizado na imagem do intelectual dividido entre a biblioteca e a rua, entre a interpretação e o acontecimento. A estratégia do silêncio teórico nas entrevistas e poemas faz do ego criador um motor de falas pessoais cuja verdade não é mais ideológica e sim comunitária. Aqui, em contracanto aos argumentos de Silviano, é possível ouvir ao fundo a frase de Waly Salomão, também em uma entrevista, mas já em 1979: "A História pode talvez não ser um pesadelo, mas a historiografia político-cultural-literária certamente sempre será."[11]

---

10. Idem, p. 156.

11. Esta entrevista se encontra no livro *Anos 70 — Literatura,* volume da coleção editada em 1979 pela Funarte e Europa Empresa Gráfica e Editora.

Em 1973, portanto, Silviano já aponta algo que elaboraria de forma mais apurada anos depois: o papel fulcral da entrevista como gênero que desloca o debate sociológico (interpretativo, analítico, político do ponto de vista mais ortodoxo) para o debate antropológico (personalista, conselheiro, cotidiano, relativo). Uma estratégia em que "o entrevistado evita cuidadosamente o objeto que justifica a própria entrevista".[12] Vemos a situação em que o superastro não permite a sacralização — e politização — de sua produção. Na estética da curtição, o objeto que se torna oficial perde o caráter marginal — caráter esse que define sua materialidade, sua circulação, seu vocabulário, sua ética e sua recepção. Ser "contra a interpretação", para usarmos o termo famoso de Susan Sontag, era ser contra o desmonte crítico da performance permanente entre palco (ou poesia) e vida. Ainda seguindo o rastro sugerido por Silviano, a armadilha da curtição contracultural e de suas práticas comportamentais (indefinição estética dos gêneros, alimentação macrobiótica ou esoterismos, por exemplo) era a transformação dos mesmos em um tipo de fala pública carente de pensamento crítico e plena de conselhos superficiais.

IV

Entre qualquer geração, porém, existem exceções. Em meio a curtidores e superastros, há os autores e artistas que reivindica-

---

Com pesquisa coordenada então por Adauto Novaes, 19 pesquisadores fizeram panoramas sobre música popular, teatro, cinema, televisão e artes plásticas. O volume de literatura foi editado por Heloisa Buarque de Hollanda, Armando Freitas Filho e Marcos Augusto Gonçalves.

12. Santiago, Silviano, op. cit. p. 160.

ram rigores críticos a despeito dos atravessamentos entre arte, comportamento e pensamento. São principalmente os poetas, artistas e intelectuais que, de um jeito ou de outro, mantiveram ligações com o paideuma concreto de São Paulo e seus desdobramentos dos anos de 1960 e 1970 (livros como *A arte no horizonte do provável* ou as *Galáxias* de Haroldo de Campos, *Equivocábulos* ou *Colidoeuscapo* de Augusto de Campos, além de seus estudos sobre Duchamp, ou o trabalho dedicado a Mallarmé, feito pelos dois e por Décio Pignatari). Waly Salomão, Torquato Neto e Hélio Oiticica, por exemplo, mantiveram tais laços intelectuais e conseguiram produzir rigor experimental em meio a vidas estetizadas. Eram criadores que rejeitavam a *hippielândia* carioca e a ideia do *desbunde*, pois, segundo Waly, a mesma refletia "o olhar reificador do sistema".[13]

Em "O assassinato de Mallarmé", Silviano já tem condições de, após três anos de sua temporada carioca, ampliar o escopo crítico de sua primeira aproximação. É quando já consegue perceber as nuances internas daquilo que a visada cartográfica de primeiro momento articulou em chaves positivas, como a efetivação de uma literatura ligada ao contexto internacional da contracultura (mesmo com atraso), e em chaves negativas, como a ausência de reflexão crítica e o ego exacerbado dessa cultura jovem. Em 1975 Torquato já havia se suicidado, Oiticica vivia a fase mais profunda e solitária de sua estadia em Manhattan, revistas como *Navilouca* e *Pólem* já haviam sido publicadas e Caetano Veloso abalara sua condição consagrada de superastro com o disco radical *Araçá Azul*.

O que Silviano viu embrionariamente em 1972 — os livros mimeografados que começavam a circular — torna-se, três anos

---

13. Frase retirada da mesma entrevista de 1979 citada anteriormente.

depois, divisor de águas na confirmação daquela sensibilidade criativa cujo resultado já estava posto. Ele aponta, entre a geração de então, o ocaso das vanguardas modernistas, com exceção da presença renovada de Oswald de Andrade por meio do Tropicalismo. Essa passagem, um "gesto generoso de ingratidão" dos mais novos com as vanguardas construtivas da década de 1950, valoriza os poemas curtos e os manifestos provocadores de Oswald em detrimento dos planos-pilotos e de seu lastro livresco. A partir dessa constatação, o ensaísta indica que os rigores formais e aparatos teóricos estavam em baixa entre os poetas que se estabeleciam em um circuito informal de publicação, distribuição e circulação. O que o crítico buscava apontar eram as modulações geracionais do ponto de vista da seleção do acervo poético disponível (1922, 1945, 1955) e as consequências de cada escolha na produção de versos e publicações.

Nesse contexto, *O preço da passagem*, segunda incursão do poeta carioca Chacal no formato mimeógrafo, torna-se objeto de uma leitura ácida sobre a qualidade material e poética daquele momento. O comentário de Silviano, porém, é muito mais voltado para o esvaziamento crítico da figura pública do poeta do que propriamente para a qualidade dos poemas feitos. Neste "assassinato de Mallarmé", o poeta superastro da curtição está em plena produção, fazendo do objeto livro uma quimera frente à informalidade do envelope de papel pardo. Para girar a faca no peito de qualquer filiação das vanguardas concretas, os mimeógrafos de Copacabana promovem a fusão plena de poema e poeta nas falas públicas de eventos da Nuvem Cigana como as Artimanhas. O livro vira corpo, a escrita vira fala.

No ano seguinte do ensaio de Silviano, Heloisa Buarque de Hollanda publicava sua já clássica antologia (já são mais de cinquenta anos) *26 poetas hoje* e colocava numa mesma cena o contexto dessas poéticas da primeira metade dos anos 1970. Com exceção dos poemas de Waly e Torquato, é possível constatar o quadro sugerido pelo crítico. Como nos outros ensaios citados, ele aponta o excesso de "peripécias inusitadas de uma vida em perigo", que faz com que o ego — do músico consagrado ou do poeta da fala — oscile entre o silêncio sobre a situação política opressora e a transformação da experiência pessoal em opressão autorreferente. Vale lembrar que em 1970 Silviano lançava *Salto*, primeiro livro de poemas cuja matriz concreta dava o tom de suas experimentações com a linguagem. A cena dos novos poetas no Rio, portanto, estava muito distante do rigor inventivo com que o crítico dialogava. O "assassinato de Mallarmé" é o esgotamento da palavra escrita enquanto valor livresco e formalista em prol de uma palavra falada enquanto valor imediato e absoluto. No palco, o poeta que fala seus versos dá o tiro no peito do lançador de dados.

V

Anos depois, quando o livro foi publicado, Silviano afirmou que nem todos dessa geração — fossem curtidos, fossem concretos — concordaram com suas ideias. Mesmo quando há uma visada retrospectiva (o livro é de 1978 e muitos dos temas são de 1972), não é fácil ser figura no mapa alheio. Vale lembrar que o final da década de 1970 estava pleno de polaridades políticas e culturais na antessala da redemocratização. Em entrevista para o livro *Anos 70 — Literatura*, o crítico faz uma leitura positiva de seus quatro ensaios aqui citados, ao afirmar que, aos poucos, seus temas foram incorporados no meio acadêmico. Sintetiza a empreitada no desejo de demarcar duas frentes: a "fragmentação definitiva do antigo experimentalismo dos anos 1950"[14] e a ascensão da moderna música popular dentre os estudos de literatura. Silviano teve uma sensibilidade de quem, após passar anos fora do país, reconhece suas transformações mesmo quando nada parecia acontecer. Olhos atentos, ouvidos abertos, ideias atuais e o desejo de, ao contrário dos dilemas dos poetas, abraçar, ao mesmo tempo, a biblioteca e a rua.

---

14. Idem, p. 48.

Sobre salto — Silviano Santiago e a experiência nova-iorquina

Apesar de ter circulado por universidades como as de Albuquerque, Rutgers e Toronto, o momento que Silviano Santiago aponta como decisivo nesse período de sua vida foi o que passou na State University of New York, em Buffalo. Sua proximidade com Manhattan lhe permitiu um trânsito mais intenso nos meandros do Inferno de Wall Street. Durante o período nessa universidade, convive com nomes como o escritor John Barth e o intelectual Abdias Nascimento. Leva Glauber Rocha e Augusto Boal para debates. Conhece Hélio Oiticica e promove uma concorrida apresentação de seus trabalhos em slides na Albright Knox Gallery. A partir daí a amizade com o artista carioca atravessará toda a década de 1970, apesar de Silviano voltar de vez para o Brasil — e para a PUC-Rio — em 1974.

Em Buffalo, a aproximação com Oiticica leva Silviano a conhecer novos nomes — como Waly Salomão — e reencontrar velhos amigos — como Neville de Almeida, parceiro ainda da juventude cinéfila em Belo Horizonte. Silviano está próximo deles quando surgem as *Cosmococas*, em 1973. É ele, inclusive, que faz com que Oiticica turbine suas leituras com os *Cocaine papers*, de Freud, e os aportes de um outro Nietzsche, já ampliado pelo viés pós-estruturalista.

Desde o final da década anterior a formação francesa do crítico faz com que ele esteja no lugar certo e na hora certa para a absorção orgânica de autores nascedouros como Jacques Derrida — do qual, anos mais tarde, seria um dos introdutores no Brasil —, Michel Foucault (a quem conhece pessoalmente) e Gilles Deleuze. No trânsito entre Paris, México e Estados Unidos, ensinando em poucos anos literatura brasileira, hispânica e francesa, Silviano se aloja nas bibliotecas norte-americanas e circula pelas ruas das cidades articulando erudição intelectual e excitação urbana. Esse espaço entre culturas, línguas, livros e tempos é o momento em que escreve os principais ensaios do que seria lançado em 1979 como *Uma literatura nos trópicos*. Vale lembrar que "O entre-lugar no discurso latino-americano" foi apresentado em 1969, originalmente em francês, em um seminário canadense com a presença de nomes como Michel Foucault e René Girard.

Volto agora para 1970. O corte é importante pois tratarei aqui especificamente de um livro que, por conta de sua esparsa produção poética, é pouco comentado pela fortuna crítica ao seu redor. Trata-se de *Salto*, lançado em 1970 em Minas Gerais, junto com o volume de contos *O banquete*. O livro é fruto direto da relação de Silviano com a poesia concreta brasileira e, principalmente, com os irmãos Campos. Ele os conhece desde 1961 por conta do segundo Congresso Brasileiro de História e Crítica Literária, realizado na cidade de Assis. Através de amigos em comum como Benedito Nunes, Nilo Scalzo, Alexandre Eulálio e Afonso Ávila, se aproxima cada vez mais dos irmãos críticos, tradutores e poetas. A aproximação, porém, já vinha alimentada pelas transformações que Silviano sofre no final dos anos 1950 em sua perspectiva poética. O verso de autores modernos como Drummond e Valéry entram em choque com a leitura dos nomes que formam o paideuma concreto. É o caso principalmente de cummings, João Cabral e do último Mallarmé. Instala, em meio à admiração pelo poeta de Itabira — e que perdurará por toda sua obra crítica — uma atmosfera experimental e inventiva. Por conta desse momento, chega a publicar um texto na famosa revista *Invenção*, editada pelos paulistas. Seu número 5, lançado em 1966, trazia ao lado do jovem crítico (que já se encontra na rota França-Estados Unidos) nomes também praticamente estreantes como Paulo Leminski e José Paulo Paes. Vale lembrar também que a relação nova-iorquina com Oiticica amarra mais um pouco seus laços com os irmãos Campos, convivas do artista carioca em suas passagens constantes como professores visitantes em universidades norte-americanas e habitués do Chelsea Hotel.

Nesse campo de trânsitos e descobertas, o risco da linguagem transborda as primeiras experiências em prosa e deságua nos versos espacializados e marcadamente gráficos em *Salto*. Como indica o título, Silviano investe em uma poesia cuja força é o jogo inventivo entre a palavra, a página em branco e o olho ativo do leitor. Em entrevista a Julio Castañón Guimarães e Joele Rouchou (publicada em 2007 na revista *Escritos*, da casa de Rui Barbosa), seu autor se refere ao livro como algo que tem "medo de pegar". Não se furta, porém, de fazer uma breve análise. Cito:

> O livro está dividido em três partes: saldo, solda e salto, palavras-conceitos que serviram para traduzir o movimento da confecção do livro. O livro começa por tentativas de fazer versos, saldo (como no poema "amais: amenos"), passa pelas experiências ideogramáticas, solda (como nos poemas "man" e "metaphormoses") e termina pela total anarquia da letra solta na folha de papel, salto. Nos últimos poemas (?) entregava o fazer deles ao leitor, daí o título bem hippie de "do-it-yourself kit" (ao estilo de Abbie Hoffman).

O livro é feito pela Imprensa Oficial de Minas e traz dedicatórias, por exemplo, a Haroldo de Campos, além de citações de Drummond, Bandeira e Norman Brown. O entre-lugar do Modernismo brasileiro mais comprometido com seu tempo e da contracultura norte-americana em seu viés crítico já aponta para um escritor cuja sensibilidade articulava extremos com a clareza do enigma e a aposta da palavra viva contra a morte da poesia. Se o autor, 37 anos depois, evoca o receio como possível sentimento de retorno ao livro (e não sei o que ele pensaria exatos 49 anos depois), Afonso Ávila, responsável pela orelha do volume, indicava outra perspectiva no tempo presente do salto de Silviano. Cito suas palavras:

> Violentando, desmembrando, aglutinando, fazendo contrair-se e contorcer a palavra, permutando e imbricando sons e sinais gráficos, Silviano Santiago opera, na verdade, como artista, condicionado pelo agora histórico, uma *découpage* das velhas estruturas mentais e seus conceitos, para então surpreender tão somente os significantes desvestidos de quaisquer aderências e a partir daí ajustá-los ao trânsito de novas significações.

O poeta mineiro arremata tais comentários situando o livro em suas possibilidades e metas do seu tempo — e alhures. Cito Ávila novamente:

> O poeta empreende efetivamente o seu SALTO, que não será no entanto apenas o da qualidade artística de uma linguagem ou da eficácia criadora de um instrumento, mas principalmente o salto de uma atitude e uma consciência perante o mundo posto em questão.

Entre os poemas de *Salto*, há temas e marcas biográficas fundamentais de Silviano, para além de seus jogos de linguagem e seu desejo de ruptura vanguardista. Me deterei aqui brevemente em "Man", segundo poema da série *Solda*. Dedicado a Manhattan, seus versos ideogramáticos dançam na folha de papel enquanto uma enunciação verbivocovisual conduz o leitor em um passeio multicultural pela ilha. De Downtown até Uptown, suas palavras-valise e seu jogo de sílabas e sons do inglês, do português e do espanhol atravessam hippies do Greenwich Village, pretos do Harlem e hispanos da imigração. Bairros, ruas, cenas e situações do cotidiano caleidoscópico da cidade que, na época, era caótica, suja e perigosa, são enfeixados em um ritmo vertiginoso — como se todos nós estivéssemos situados no cerne dessa "broad way to hell", expressão-síntese que fecha o poema. Vale citar que trechos do poema foram utilizados por Oiticica em suas páginas na famosa revista de exemplar único *Navilouca*, feita em 1972 mas publicada apenas em 1975. Através de Oiticica, os versos de Silviano tornaram-se parte do manancial transgressor da contracultura brasileira.

Vale notar que no mesmo ano de *Salto*, Silviano lança o livro de contos *O banquete*. Entre suas histórias, "Traição" e "Labor dei" produzem um cruzamento possível com *Salto*. O primeiro, pela sua trama passada em Manhattan, ativando assuntos presentes em poemas como "Man", citado acima; já o segundo, pela sua proposta experimental no trato formal do narrador e na estruturação espacial das palavras. A cidade de Nova York e a poesia concreta eram horizontes que também saltaram para dentro da prosa inicial de Silviano. Em texto para a segunda edição publicada em 1977, Eneida de Souza chama a atenção em "Traição" para a aparente liberdade vigiada e domesticada que o autor imprime na Nova York de um narrador cuja carreira fracassada de escritor o levara a se tornar guia de artes para turista. Já em "Labor dei", Eneida aponta as marcas de um "poema biográfico" em meio a uma "novela radiofônica" cujo enredo é o assassinato da amante por um mecânico irado. Prosa e poema na vertigem dos dias definiam caminhos iniciais do autor que, anos depois, seria prosador premiado entre nós.

Mas é finalmente em *Stella Manhattan*, de 1985, que esse breve trajeto entre a cidade norte-americana e o experimentalismo formal se cristaliza. O romance pode ser visto como espécie de balanço de vida e abertura de novos percursos. Do ponto de vista de sua estratégia narrativa, cito Raul Antelo em ensaio presente na coletânea *Leituras críticas de Silviano Santiago*, organizado por Eneida Leal Cunha, quando sugere a força do *háptico* sobre o ótico como marca da obra literária de Silviano a partir de *Em liberdade*, romance anterior a *Stella*. Citando o próprio autor, tal escrita "proverbial, juvenil, intuitiva, lúdica e estilosa" (com forte pegada *camp*) fazia com que as experiências dos anos nos Estados Unidos, próximo às revoluções sexuais, aos conflitos raciais e às revoltas estudantis, fossem materiais para se instalar no centro de uma trama cuja ditadura civil-militar brasileira contamina seus personagens duvidosos. Em pleno ano de redemocratização, Silviano propõe um "Romance-bicho", cujo personagem transexual Eduardo/Stela Manhattan evoca o mecanismo vivo das dobradiças que movimentavam os *Bichos* de Lygia Clark. Duplicidade que, ao invés de formar um par estável entre masculino e feminino, produz uma tensão de sexualidades, políticas e tramas narrativas. Na verdade, mais do que duplos, o que lhe interessa, sempre, são as dobradiças e os pontos expansivos da *intersecção*.

Em 1985, tal uso do *Bicho* de Lygia Clark propunha uma forma narrativa renovadora e um comentário crítico que instalava um diálogo com uma ideia viva de vanguarda e de invenção, gestada no bojo da produção cultural brasileira de sua geração. Recentemente, vimos que a mesma evocação, em outro contexto como na exposição 35º Panorama da Arte Brasileira, realizada no MAM de São Paulo em 2017, acarretou situações assustadoras para a instituição, sua curadoria e o artista.[1] Em 2017 a editora Companhia das Letras lançou uma segunda edição de *Stella Manhattan,* com excelente prefácio do autor. Ao atualizar as premissas de sua empreitada de 32 anos atrás, ainda sentimos o aroma do risco e o gosto da transgressão em suas palavras. Silviano reafirma que se trata do "despertar da sensualidade do leitor". Em dias cuja ideia pública sobre os corpos e a arte regride para o controle e sua demonização, Silviano pode novamente apresentar uma obra e uma vida sempre atentos à potência do monstro. Um novo salto, sempre sobre o abismo Brasil.

Lygia Clark dizia que, ao manusearmos como participadores seu trabalho de estruturas móveis e orgânicas, não sabemos nunca como ele irá proceder. Mas, e aqui a cito em seu imperativo revolucionário na história da arte, "o Bicho sabe". Silviano também sabe. E salta. E segue.

---

1. Me refiro aqui ao trabalho *La Bête*, performance de Wagner Schwarz que acarretou uma série de protestos contra o museu, pedindo o fechamento da exposição e a presença do seu curador, Luiz Camillo Osório, em uma CPI no Senado Federal. A obra é inspirada nos *Bichos* de Lygia Clark.

Gilberto Gil — Duas derivas

Deriva 1: Gil engendra em Gil

I

Entre 1854 e 1884 (ou seja, antes de *O Guarani* e depois de *Memórias póstumas de Brás Cubas*), o poeta maranhense Sousândrade (1833-1902) escreveu seu épico intitulado *O guesa*. Em um dos seus infinitos versos, está lá:

> —Por sobre o fraco a morte esvoaça...
> Chicago em chamma, em chamma Boston,
> De amor Hell-Gate é esta frol...
> Que John Caracol,
> Chuva e sol,
> Gil-engendra em gil rouxinol...[1]
> Civilização... ão!... Court-hall!

II

Para quase todos que não nasceram no século XIX, Sousândrade foi divulgado durante a segunda metade do século XX através do

---

1. Grifo meu.

trabalho de pesquisa da crítica literária brasileira, principalmente dos irmãos Campos. Em 1964 apresentam o já clássico *ReVIsão de Sousândrade* e colocam na roda da rapaziada informada do período um universo poético bem distante do que circulava então. Sousândrade chega nas mãos de um cantor e compositor jovem, baiano, morando em São Paulo e iniciando uma carreira profissional em que seu trabalho, junto ao trabalho de seus parceiros e interlocutores mais próximos, mudaria algumas estruturas intelectuais, comportamentais e políticas do país. O livro também chegou nas mãos de um jovem poeta piauiense, leitor de Mário Faustino no Suplemento Dominical do *Jornal do Brasil* e admirador dos poemas concretos dos irmãos Campos e Décio Pignatari. Provavelmente o livro chega nas mãos de um jovem poeta curitibano, lutador faixa preta de judô e biógrafo de profetas. Certamente chegou nas mãos de outro, mais um, jovem poeta vivendo sem pouso certo entre Jequié, São Paulo e Rio de Janeiro, leitor ávido e experimentador nato das altas esferas das palavras. Caetano Veloso, Torquato Neto, Paulo Leminski, Waly Salomão, todos girando ao redor dessa galáxia Sousandradiana turbinada pela usina Campos Power and Co. Brasil, 1960-70.

III

Após a paixão tropicalista pelo Brasil e a utopia de uma modernidade possível em sua contradição, complexidade, impasses e saídas estratégicas entre técnica e mágica, após o idílio radical de 1968 com a ruptura do estabelecido, 1969 dispersa todos no mapa do mundo. No mesmo ano, Caetano, Gil, Oiticica, Torquato e outros circulam por Londres. Antonio Cicero vai entregar uma encomenda de família para suas primas Dedé e Sandra Gadelha e conhece os músicos. Londres. Jorge Mautner entra na vida dos baianos, após o Kaos, após ser secretário de Robert Lowell, após livros e músicas guardados no bolso.

IV

Em *Verdade tropical*, Caetano Veloso afirma:

> De fato, se eu fora rejeitado pelos sociólogos nacionalistas de esquerda e pelos burgueses moralistas de direita (ou seja, pelo caminho mediano da razão), tivera apoio de — atraíra ou fora atraído por — "irracionalistas" (como Zé Agrippino, Zé Celso, Jorge Mautner) e "super-racionalistas" (como os poetas concretos e os músicos seguidores dos dodecafônicos). Uma figura, contudo — eu estava agora descobrindo em São Paulo entre 67 e 68 — era visível por trás desses dois grupos que nem sempre se aceitaram mutuamente: Oswald de Andrade.

Entre os irracionalistas e os super-racionalistas, entre Sousândrade e o exílio, a volta de Caetano para o Brasil em 1972 é seguida da carta branca de André Midani para entrar nos estúdios da Philips e fazer o disco que sempre quis: radical, experimental, pura linguagem, ruptura, irracional e super-racional: *Araçá Azul*.

No disco, a faixa 4 do lado A se chama "Gilberto misterioso". A letra, uma parceria/apropriação de Caetano de uma linha, apenas uma linha do verso de Sousândrade:

Gil engendra em gil rouxinol.

Cantado em loop, um violão, vocalizes e efeitos, a canção soa ao mesmo tempo cândida e tensa. O título (Gilberto) e o verso (Gil) nos mostram para quem foi feita a música.

V

Na época, entre 1968 e 1972, Caetano Veloso e Gilberto Gil conviveram intensamente. Eram casados com irmãs (Sandra e Dedé Gadelha), eram parceiros musicais ("Batmacumba", "Divino Maravilhoso", "Panis et circensis", "Lindonéia", "Alfômega" etc.). Gil dedica em 1972 uma música para Caetano em seu disco *Expresso 2222* ("Ele e eu"), além de Caetano ser o personagem que dialoga com ele em "Back in Bahia" (o camarada na fossa em Portobello). Gil torna-se, através da ideia luminosa do amigo, a encarnação dos versos de Sousândrade, a consolidação popular de um estudo erudito dos Campos, críticos que (principalmente Augusto) catapultaram suas obras para as universidades do mundo todo, qualificando a análise da música popular no Brasil em suplementos culturais e estudos como *Balanço da bossa e outras bossas*, clássico nacional sobre o tema.

VI

Em 1974, Gil lançava *Ao vivo*, um disco antológico (ao menos para mim). Seus shows na época eram famosos pelas longas versões, no auge de sua voz e de seu violão entre o rock, o jazz e os ritmos nordestinos. Encarava qualquer um que viesse pela frente, podia cantar Gordurinha, Hendrix e Jorge Ben em uma mesma noite, além de seu vasto repertório pessoal. Na estrada, Gil se reaproxima de certas ideias que habitavam seu imaginário interiorano, constrói uma cosmogonia pessoal de autoentendimento, encontra o acordeom de Dominguinhos, grava músicas voltadas para o mergulho da memória nordestina de menino e de adulto ("Refazenda", "Jeca total", "Tenho sede", "Lamento sertanejo", "Ê povo ê"), do equilíbrio do espírito ("Meditação", "Retiros espirituais"), do acerto de contas com o mundo em busca da paz ("Pai e mãe"). Nesse repertório, duas músicas se destacam dessas linhas: "Essa é pra tocar no rádio" é uma delas. A outra é "Rouxinol".

VII

O rouxinol é uma ave pequena, cujo padrão de canto não é repetitivo. Canta durante o dia e a noite, sem problemas. Em "Rouxinol", o *irracionalista* Jorge Mautner entrega a Gil uma letra espiralada sobre a história da ave pescada no céu pelo narrador. Ela precisa de um curativo em uma das asas, o que é feito. Depois, ela vai embora na boca da aurora cantando um rock com um toque diferente (um rock do Oriente). Mautner, desdobrando a canção de Caetano/Sousândrade, engendra Gil. Fecha um ciclo que se abre no século XIX de forma profética: Sousândrade-Irmãos Campos-Caetano Veloso-Jorge Mautner-Gilberto Gil. Cada um inventando o seu rouxinol.

Deriva 2: Nos ossos de Brasília

Façamos agora um exercício de *história contrafactual*: nos anos 1960, Clarice Lispector escreve uma famosa crônica sobre Brasília, publicada em sua coluna no *Jornal do Brasil*. Uma crônica devastadora, talvez um dos textos mais enigmáticos, etéreos, alucinados e perfeitos da língua portuguesa — ou ao menos da minha. Lendo o texto da escritora à luz dos temas do período em que foi escrita — o Tropicalismo, o debate sobre as modernidades periféricas, o Brasil e sua barafunda de inventar uma civilização nos trópicos — ocorre um momento em que a crônica de Clarice e a letra de uma canção desse período se entrelaçam. A canção é "Objeto sim objeto não", de Gilberto Gil. A interpretação clássica é de Gal Costa em seu disco de 1969, mas há também Gil cantando em outros registros, principalmente numa belíssima versão do seu show na USP em 1973.

Os fatos: Gil estava no exílio, em Londres, e Gal Costa permaneceu no país. Ao lado de Jards Macalé, ela assumiu então uma posição estratégica para os músicos baianos, gravando um repertório cujas canções apontavam a transição entre a cruzada coletiva do Tropicalismo e a construção de dicções pessoais (Gil e Caetano). Desde a prisão, Gil assume, em suas letras, temas como o esoterismo, o Oriente, a cibernética, a meditação e o delírio distópico das ficções científicas. "Objeto sim objeto não" é uma dessas canções, ao lado de outras como "Futurível", "Cibernética", "Cérebro eletrônico", "Cultura e civilização", "Mini-mistério", "Omâ-iaô" ou "Alfômega".

Clarice Lispector publica sua crônica sobre Brasília no *Jornal do Brasil*, logo no início dos anos 1960 (a primeira versão do texto é de 1962). Ela aparece em livro em 1964, com o título "Brasília: 5 dias", na coletânea de textos *A Legião Estrangeira*, publicada pela Editora do Autor (de Rubem Braga, Fernando Sabino e Walter Acosta). No ano em que a capital cai nas mãos dos militares, "Brasília: Cinco dias" circula para o grande público. Seu texto é um delírio — assim como outros contos de um livro que traz o clássico e enigmático "O ovo e a galinha". O texto sobre Brasília ainda alimenta outra cadeia de eventos primorosa, pois se liga ao incontornável livro *Inteligência brasileira*, diário de viagens de Max Bense, semiólogo suíço, ao Brasil. Bense, que foi algumas vezes a Brasília, em uma delas acompanhado por João Cabral de Melo Neto, cita o texto de Clarice a partir de um breve comentário. Mais na frente, incorpora em seu diário o texto quase inteiro, abrindo aspas e reproduzindo em uma tradução alemã as palavras da escritora.

O impacto em Bense foi tão grande que, logo depois, ele a conhece e narra encontros com a escritora ao menos em duas ocasiões: a primeira, em um almoço no centro do Rio, simplesmente com Clarice, Guimarães Rosa e Wladimir Murtinho, e na segunda, em uma noite na casa de Lúcio Costa, com ela e Aloísio Magalhães. Esse encontro é importante, porque no seu texto sobre Brasília, Clarice fala algumas vezes de Lúcio (e Niemeyer), como se fossem personagens fantásticos e fantasmáticos. Mas ela os conhecia, convivia com eles no Leme. Nesse encontro em que, segundo Bense, se discutiu política, ele descreve (semioticamente?) Clarice nos seguintes termos: "Clarice Lispector com o rosto aberto, puxado pra frente, típico de uma Nefertite eslava, e com lábios tímidos e pontiagudos, sobre os quais repousa ainda a força de beijos distantes."

Mas não nos percamos. A crônica de Clarice começa com a seguinte sequência de imagens-sensações:

> Brasília é construída na linha do horizonte. — Brasília é artificial. Tão artificial como devia ter sido o mundo quando foi criado. Quando o mundo foi criado, foi preciso criar um homem espe-

cialmente para aquele mundo. Nós somos todos deformados pela adaptação à liberdade de Deus. Não sabemos como seríamos se tivéssemos sido criados em primeiro lugar, e depois o mundo deformado às nossas necessidades. Brasília ainda não tem o homem de Brasília. — Se eu dissesse que Brasília é bonita, veriam imediatamente que gostei da cidade. Mas se digo que Brasília é a imagem de minha insônia, veem nisso uma acusação; mas a minha insônia não é bonita nem feia — minha insônia sou eu, é vivida, é o meu espanto. Os dois arquitetos não pensaram em construir beleza, seria fácil; eles ergueram o espanto deles, e deixaram o espanto inexplicado. A criação não é uma compreensão, é um novo mistério. — Quando morri, um dia abri os olhos e era Brasília. Eu estava sozinha no mundo. Havia um táxi parado. Sem chofer. — Lúcio Costa e Oscar Niemeyer, dois homens solitários. — Olho Brasília como olho Roma: Brasília começou com uma simplificação final de ruínas. A hera ainda não cresceu.

Aqui, nesse momento, as histórias se cruzam. Gil, provavelmente um leitor de Clarice (apesar de ser Caetano Veloso quem relata em sua autobiografia conversas telefônicas com a escritora nesse período), poderia ter lido essa crônica. A história contrafactual brota aí, nessa brecha: assumamos, também em delírio, que Gil leu a crônica. Suponhamos que, em seu exílio, Gil teve acesso a uma edição de *A Legião Estrangeira* circulando entre os convivas de sua casa-sede-laboratório londrino em que morou com Caetano e as esposas, em que circularam amigos como Mautner, Bivar, Antonio Cicero, Oiticica, Sganzerla, Péricles Cavalcanti e tantos outros. Suponhamos que, nesse contexto, Gil leu "Brasília: Cinco dias". E, como se fosse um continuador da linhagem de José Bonifácio, São João Bosco,

Bernardo Guimarães e Clarice, Gil "viu" em Brasília o surgimento do novo em tensão com a força intimidadora do vazio. Premonitório de um passado, Gil vislumbrou uma Era de Ouro, como Clarice no trecho a seguir:

> Brasília é de um passado esplendoroso que já não existe mais. Há milênios desapareceu esse tipo de civilização. No século IV a.C. era habitada por homens e mulheres louros e altíssimos, que não eram americanos nem suecos, e que faiscavam ao sol. Eram todos cegos. É por isso que em Brasília não há onde esbarrar. Os brasiliários vestiam-se de ouro branco. A raça se extinguiu porque nasciam poucos filhos. Quanto mais belos os brasiliários, mais cegos e mais puros e mais faiscantes, e menos filhos. Não havia em nome de que morrer. Milênios depois foi descoberta por um bando de foragidos que em nenhum outro lugar seriam recebidos; eles nada tinham a perder. Ali acenderam fogo, armaram tendas, pouco a pouco escavando as areias que soterravam a cidade. Esses eram homens e mulheres menores e morenos, de olhos esquivos e inquietos, e que, por serem fugitivos e desesperados, tinham em nome de que viver e morrer. Eles habitaram as casas em ruínas, multiplicaram-se, constituindo uma raça humana muito contemplativa.

Agora, é Gil, em "Objeto sim, objeto não", composta em 1969, quem canta:

Eubioticamente atraídos
Pela luz do Planalto Central das Tordesilhas
Fundarão seu reinado nos ossos de Brasília
Das últimas paisagens

> Depois do fim do mundo
> É o reinado de ouro
> Depois do fim do mundo
> O reino de Eldorado
> Depois do fim do mundo virão
> Objeto sim, objeto não

A letra de Gil é clara como as 5 mil águias de ônix negro ou os cavalos brancos que Clarice deseja ver cavalgando a esmo na capital. É lá, no "Planalto Central das Tordesilhas, **nos ossos de Brasília**" (grifo meu), que surgirá uma nova civilização. Livres, eubióticos. A eubiose era uma "filosofia existencial" de uma Igreja brasileira fundada em São Lourenço. Segundo a Wikipédia, "a Sociedade Brasileira de Eubiose é uma sociedade fundada por Henrique José de Souza (1883-1963), apoiado por sua esposa Helena Jefferson de Souza (1906-2000), em São Lourenço, no ano de 1921. Seu conhecimento é uma síntese de filosofia, religião e ciência. Publicamente, a eubiose é conhecida como uma sociedade de esoterismo, teosofia e ocultismo, e seus integrantes são chamados de *eubiotas*". Gil, como dito, estava ligado criticamente a todas as formas de filosofia e pensamento que fugissem do eixo moderno-iluminista-racional de civilização. Como Clarice, para ele Brasília era algo do campo do delírio, da invenção trans-histórica de uma nova civilização. Eubiótica, Era de Ouro, Romana (Clarice fala de Roma, Gil fala de Rômulo e Remo). Os seres intuídos por Clarice são reinventados por Gil, os "brasilários" tornam-se os "lumiencarnados", reforçando esse aspecto esotérico que, hoje em dia, é uma das forças da região ao redor da capital.

Na verdade, este texto deveria ter começado assim: escrever é algo que fazemos aleatoriamente porque ouvimos e vemos. Aí, ler Clarice é ouvir Gil. Ver Brasília é saber de Bense. Ouvir Clarice é ler Gil lendo Bense lendo Clarice. Brasa da palavra, a hora clara. Quem quiser, que conte outra.

Gilberto Gil e as máquinas

Para Bernardo Oliveira, parceiro das "Máquinas e as musas" e Santiago Perlingeiro, pilha permanente.

A história é mais que famosa: preso em um quartel no Rio de Janeiro durante os meses de janeiro e fevereiro de 1969, Gilberto Gil conseguiu que os militares da área o liberassem para ter um violão na cela. Gil fez cinco músicas enquanto estava encarcerado. Duas delas falavam da relação entre humanos e máquinas. Uma, "Cérebro eletrônico", diz que a máquina não terá jamais as dúvidas, crenças e medos que movem a vida. Outra, "Futurível", já anuncia a vida em forma maquínica, transmutada em energia, fusão absoluta entre orgânico e metálico.

Gil e as máquinas. O compositor baiano de Ituaçu cresceu no raiar da era industrial pós-Segunda Guerra. Em uma região vista então como periferia do Sudeste, sua geração tomou Salvador pelos meios tecnológicos do seu tempo: o cinema, os estúdios de gravação, os precários programas locais de televisão. A cidade de Salvador sob os auspícios de uma arquiteta e designer como Lina Bo Bardi, um professor de música como Walter Smetak. O artesão e a máquina, o berimbau e o pau elétrico. Gil se forma em Administração de empresas, vai morar em São Paulo para trabalhar na multinacional Gessy Lever. Lidava com números, vivenciava experiências com os primeiros sistemas informatizados, máquinas comerciais, vendas, o capital maquínico industrial brasileiro em sua forma larvar. No cotidiano paulistano, Gil toca violão após o expediente, circula pelos bares da cidade, absorve a contemporaneidade de um país em expansão comunicacional. Atravessa novas linguagens, assiste à consolidação de uma cultura de massa já com condições de possibilidade para uma linguagem singular, local e global.

1966: Gil marcha pelo violão de olho na guitarra. Não porque um supera o outro. A guitarra, o baixo elétrico, as mesas de som, os efeitos, isso tudo levaria seu impecável violão além dos limites cancionais. João Gilberto já dera a senha: o microfone é uma entidade que precisa ser entendida na sua medida técnica. Tudo que envolve a gravação está em movimento durante a execução da ideia sonora. A voz não é o centro, a voz é o espaço móvel de invenção EM RELAÇÃO ao todo. Quem grava o disco? Pode o técnico de som falar? Ou ele é mera abstração sem corpo na ideia naturalizada de que uma música gravada é como um trabalho de Deus, sem corpos ao seu redor manuseando botões, medindo alturas, editando canais?

Gil é gênio. Sempre esteve de olho na máquina. No cérebro eletrônico. Na cibernética. Na internet. No quanta. Na banda larga. Gil e sua AFROMULTIMÍDIA, Gil e sua MÁQUINA DE RITMOS. A indústria na Bahia é de ponta para a alegria, atrás da tecnologia só não vai quem não sabia.

Gil fez dessa tensão entre a vida orgânica e a vida da máquina um mote permanente. Gil sabe que a experiência do artista preto passa pela devoração do espectro tecnológico do capitalismo escravocrata. Gil sabe que só se apropriando da máquina o preto brasileiro rompe com o lugar do braço espoliado, do corpo explorado na sua força puramente física, na ideia de que corpos pretos só podem trabalhar com as mãos. Se apropriar da máquina como Donga, como Rebouças, como Lima Barreto, se apropriar do fonomecânico, do hidráulico, da máquina de escrever, do projetor, dos cartões perfurados, se apropriar para EXCORPORAR. A diáspora também se conecta pela máquina — Jamaica, Caribe, Bronx, New Orleans, Chicago, Cuba, Rio de Janeiro, Salvador. Gil não é Paul Gilroy, mas também sabe.

Essa relação com a máquina aparece com força total no início de sua carreira, porém não apenas como discurso em suas letras de música. Ele dá materialidade a isso nas próprias gravações. Como um diretor brechtiano, Gil desde o início tem apreço pela quebra de uma quarta parede cancional: o estúdio de gravação. Em diferentes músicas, ele fazia questão de que nós soubéssemos o óbvio: o que você está ouvindo foi gravado em um estúdio por pessoas que estão aqui, agora, no momento em que canto isso para você consumir em sua casa. Gil anuncia, enuncia, envolve, chama pro jogo os recursos técnicos de gravação e seus responsáveis.

No primeiro registro de 1962, chamado em disco de *Retirante*, Gil anuncia suas músicas antes de cantá-las. Nada revolucionário, mas só o fato de o cantor deixar na faixa o que ele fala para além do que ele canta já demonstra esse sintoma, essa naturalidade de deixar com que a gravação exista não como elipse e sim como presença. Mas é no disco de 1968, chamado de tropicalista, gravado com a participação revolucionária dos Mutantes e, principalmente, de Rogério Duprat, que promove a quebra definitiva dessa quarta parede fonográfica. Em "Pega a voga, cabeludo", uma canção aparentemente para tapar buraco no disco, ele e os

Mutantes promovem um happening em que o mote central é a provocação entre músicos e técnicos de gravação. Gil toca e canta enquanto fala com todos, provoca, desafia. A música, aliás, começa com o técnico avisando: "Atenção, bicões, gravando". Gil atua, parece se surpreender com o aviso e cai dentro em um mantra meio rock meio xaxado com os Mutantes.

Falam com Manoel Barembein, que "tá meio cri-cri" (Rita Lee) e Gil imediatamente manda ele "parar de encher", transformando tudo em refrão. Em determinado momento instiga Sérgio Dias ao seu solo — "Serginho cabeludo danado, vamo lá, vamo lá!". Após o solo, Gil arremata com um "quem foi que disse que você sabe tocar bem guitarra, rapaz?". Em vertigem, grita pra que Dirceu faça um discurso e o técnico diz "esse som é psicodélico mas é bom que tá uma gota". Cacofonias, barulhos, conversas paralelas, coros, que são bruscamente interrompidos por Dirceu gritando que "olha o tempo, olha o tempo" e Gil perguntando "já deu?". E a música se encaminha para o fim. A faixa, portanto, não é só executada, mas ela também é expandida, para todos que estavam presentes em sua gravação. Algo que raramente se repara: Gil faz uma música total, em que músicos, técnicos e sons ganham corpo para além do "fingimento" de um espaço neutro de captação do que se canta, a expectativa da voz limpa das intervenções técnicas.

No disco seguinte, de 1969, novamente Gil precisa lidar com uma questão técnica de gravação: sem poderem viajar por conta do controle que os militares exercem sobre seus corpos após a libertação da prisão em dezembro de 1968, Gil e Caetano ainda tinham um disco para gravar pelo contrato com a Philips. A empresa moveu seus técnicos, produtor e arranjador para Salvador. Com a baixa qualidade das máquinas nos estúdios soteropolitanos, porém, a Philips grava "apenas" a voz e o violão de Gil — tanto em seu disco quanto no de Caetano. Os demais instrumentos foram gravados no Rio de Janeiro, por feras como Lanny Gordin, Wilson das Neves e Chiquinho Araújo. Fato raro na época: um disco gravado em duas etapas, fazendo com que o canto e a base melódica se tornem matéria-prima de construção futura sem a presença de quem canta.

Esse clima "solitário" faz com que Gil novamente incorpore o estúdio nas suas canções. Em "2001", inicia a faixa comentando o eco do *reverb* de sua própria voz. Ao comentar no ato a repetição, ele novamente produz presença do aparato técnico. Isso ocorre também no disco de Caetano, quando a gravação de "Irene" é interrompida por um erro de coro entre os dois. Novamente é Gil quem fala, e Duprat ou os próprios cantores decidem deixar esse "erro" na faixa. Há também, nos dois discos, uma faixa falada e preenchida *a posteriori* com efeitos. No disco de Gil essa faixa se chama "Objeto semi-identificado" (título que dialoga com "Objeto não identificado" de Caetano e "Objeto sim, objeto não", do próprio Gil). Nessa faixa falada, Gil e Rogério Duarte enfileiram anotações filosóficas feitas em cadernos durante uma temporada psicodélica em praias baianas. Os efeitos que Duprat utiliza são sons de estática, fitas tocadas ao contrário, efeitos eletrônicos, temas de seriados televisivos. O objeto não é música, não é literatura, não é. Semi-identificado.

Ainda nesse mesmo disco, temos "Aquele abraço", faixa gravada ao vivo no estúdio da Philips, no Rio de Janeiro, um dia antes de Gil partir para o exílio. Aquela alegria brejeira é cortada por dentes cerrados de angústia e novidade. O samba solar é gravado com Gil novamente chamado para dentro da canção o entorno da gravação. Gil abre a faixa perguntando: "Esse violão

Gil anuncia Jards Macalé tocando o apito e regendo o coro, fala com todos ao seu redor, deixa a voz de todos os presentes em conversas e comentários vazarem para dentro da música, faz do final da faixa uma sensação de estar ali quando a escutamos. "Aquele abraço" fez tanto sucesso que o Museu da Imagem do Som, na época comandando por Ricardo Cravo Albin, resolve dar a Gil o prêmio Golfinho de Ouro. Já no exílio, Gil manda uma resposta que, sem dúvida, é um dos mais contundentes documentos sobre música, política e racismo no Brasil. Incompreensivelmente pouco citado, "Recuso + Aceito = Receito" foi publicado no *Pasquim* e vale a pena citar um longo trecho para sentirmos a barra:

> Embora muita gente possa realmente respeitar o que fiz no Brasil (talvez até mesmo gente do Museu), acho muito difícil que esse museu venha premiar a quem, claramente, sempre esteve contra a paternalização cultural asfixiante, moralista, estúpida e reacionária que ele faz com relação à música brasileira. Sempre estive contra toda forma de fascismo cultural de que o museu — à sua maneira — vem representando uma parcela no Brasil. Se, quando eu estava aí, eu nunca perdi tempo atacando diretamente organizações como o Museu da Imagem e do Som é porque o meu trabalho já fazia isso; minha música já assumia essa responsabilidade. E se eu continuasse aí não sei o que estaria fazendo, mas de qualquer forma tenho certeza que não estaria sendo premiadão. Claro que eu não acredito nesse prêmio. Pelo que me é dado saber o museu continua o mesmo e portanto eu continuo contra e recusar o prêmio é só pra deixar isso bem claro. Se ele pensa que com Aquele Abraço eu estava querendo pedir perdão pelo que fizera antes, se enganou. E eu não tenho dúvida de que o museu realmente pensa que Aquele Abraço

é samba de penitência pelos pecados cometidos contra "a sagrada música brasileira". Os pronunciamentos de alguns dos seus membros e as cartas que recebi demonstram isso claramente. O museu continua sendo o mesmo de janeiro, fevereiro e março: tutor do folclore de verão carioca. Eu não tenho porque não recusar o prêmio dado para um samba que eles supõem ter sido feito zelando pela "pureza" da música popular brasileira. Eu não tenho nada com essa pureza. Tenho três LPs gravados aí no Brasil que demonstram isso. E que fique claro para os que cortaram minha onda e minha barba que Aquele Abraço não significa que eu tenha me "regenerado", que eu tenha me tornado "bom crioulo puxador de samba" como eles querem que sejam todos os negros que realmente "sabem qual é o seu lugar". Eu não sei qual é o meu e não estou em lugar nenhum; não estou mais servindo a mesa dos senhores brancos e nem estou mais triste na senzala em que eles estão transformando o Brasil. Por isso talvez Deus tenha me tirado de lá e me colocado numa rua fria e vazia onde pelo menos eu possa cantar como o passarinho. As aves daqui não gorgeiam como as de lá, mas ainda gorgeiam.[1]

As aves ainda gorjeiam em Londres, onde ele mergulha no apuro técnico de seus instrumentos, na imersão sonora do rock contemporâneo — lembrar que Gil viu a revolução elétrica do Tropicalismo assistindo à Banda de Pífaros de Caruaru em Recife, *circa* 1967. Em Londres, gravou um disco só com voz e violão onde explorou os muitos canais disponíveis nas mesas de som inglesas. Sobrepõe vozes, usa efeitos, deita e rola.

De volta ao Brasil, Gil segue seus experimentos. Dessa vez, ele não os deixa exclusivos do estúdio e faz dos shows esse es-

---

1. *O Pasquim*, nº 39, 19-25 ago. de 1970 (grifos meus).

paço de *work in progress*. Em 1972/73 ele fez apresentações em que algumas músicas podiam durar mais de 15 minutos. Sempre improvisando, sempre arriscando novas versões. Essa prática "extensiva", em que a música não *tem que acabar* em determinado tempo comercial, pode ser vista em um primeiro experimento no estúdio, ainda em 1969, quando grava, na mesma sessão de "Aquele abraço", longas faixas de voz e violão como "Com medo, com Pedro" (solo) e "Cultura e civilização", um dueto infinito com Jards Macalé. Essa dinâmica do improviso em aberto tem no disco perdido — ou melhor, abandonado — *Cidade do Salvador* um momento-chave. O assombroso disco duplo foi gravado em 1973 por Gil, mas deixado de lado, se espalhando no formato de diversos singles ou gravações por outros intérpretes. A faixa título, que abriria o disco, é uma experimentação sonora de quase oito minutos que situa Gil no clima da época, com discos com *Araçá Azul* ou *Milagre dos peixes*. É novamente Gil explorando os recursos do estúdio, as formas de gravar sua voz. Nesse mesmo trabalho, na faixa "Meio de campo", ele também deixa vazar o começo meio de ensaio na versão final da faixa. Parecem pequenos detalhes, mas esse recurso sempre demonstra esse desejo de dar presença ao ato de gravar. E isso não é simples porque toda a história da canção brasileira, novamente, emula uma espécie de pureza em relação às máquinas que a registram.

    O auge — e talvez último momento em que a indústria fonográfica brasileira permitiu esses trabalhos — foi quando Gil e Jorge Ben gravaram o glorioso e épico *Ogum Xangô* em 1975. Nove faixas extensas (das nove, quatro têm mais de dez minutos) de puro improviso, um de frente para o outro, apenas um baixo (Wagner Dias) e uma percussão (de Djalma Corrêa). Ali, na faixa "Essa é pra tocar no rádio", Gil chega a intervir na gravação durante a execução da música, quando em seu final pede para o técnico ir terminando a faixa: "Vai tirando, 'no botãozinho'", pedindo o movimento de *fade*, verbalizando o recurso técnico na estrutura da gravação. Mesmo o improviso, em algum momento, precisa terminar.

Fora esses elementos mais evidentes, Gil sempre gravou suas risadas, sempre gostou de criar intimidade do ouvinte com suas canções por recursos sensoriais que vão além da narrativa literária da voz e da letra. A quarta parede que cai é aquela que insistimos em apagar. Instrumentistas (quando ele apresenta seus músicos ou os provoca em plena gravação), produtores, técnicos, coro, tudo é citado, falado, anunciado, ex-corporado, isto é, feito corpo pra fora da faixa, e não pra dentro do imaginário de uma história do que se canta/conta.

Gil ministro sabia disso: a máquina é a forma de tomar o corpo para si, fazer do corpo presença *e* virtualidade, fazer do corpo condenado ao esforço manual uma plataforma de invenção e experimento técnico, maquínico, fio desencapado. Afinal, como ele mesmo disse no seu texto de 1969:

> No papo eu me safo. Minto, reminto, remato, mato, morro, me entrego, me tomo todo e a bola sempre acaba no fundo das redes. Marco meu gol. Como Garrincha, sem saber como, guiado pelo fôlego, pelo sopro, pela grandeza escondida da inteligência pobre, magra, marginal — de um universo paralelo ao da cultura. No papo eu me safo. A fada é a fala. É como se não fosse minha. É santo baixado, xaxado. A gente tira de letra, de cor e salteado.

Canto e danço que dará

O baixo de Arnaldo Brandão pulsa junto ao primeiro acorde da guitarra de Perinho Albuquerque. Logo em seguida, o piano de Tomás Improta e os solos de Perinho Santana criam uma trama em contraponto ao ritmo percussivo que sai das mãos de Djalma Corrêa e Bira da Silva. A bateria de Vinícius Cantuária adentra o espaço e prepara a pausa para a presença triunfante da voz. Serão sete minutos e 17 segundos de um loop em que a breve letra-refrão é repetida infinitamente. Coros de Marisinha, Evinha, Malú e Regina ampliam vozes dobrando com metais que atacam de forma funky. Tudo emana beleza e positividade. O canto é claro. Tão claro que quase vemos quem canta sorrir.

Essa "introdução sonora" de "Odara", uma das faixas mais emblemáticas da carreira de Caetano Veloso, se faz necessária porque nada que escreva nas próximas linhas dará conta da sua audição. Ela é o tipo de canção que, por sua pulsação, pelo apelo de uma letra que fala de dança, corpo, cara, cuca, canto, mundo e sonho de forma fluida e hipnótica, se torna muito mais uma sensação física do que uma elucubração intelectual. Apesar disso, poucas músicas de sua obra têm tantas ramificações para além de sua presença.

Gravada no antológico *Bicho*, corria o ano de 1977 e a carreira do compositor atravessava um momento-chave. Olhando com a distância do tempo, o trabalho inicia um longo ciclo em sua obra que só terminaria no disco *Uns*, em 1983. É justamente na faixa

"Odara" que o núcleo da Outra Banda da Terra é formado e o acompanha até ser substituída pela Banda Nova em *Velô*, de 1984. Essa fase, cujos discos trazem o compositor em período de alta criatividade, é marcada por elementos que já estavam contidos nesses sete minutos "para o mundo ficar odara": uma liberdade sonora prazerosa e com forte traço cancional, fazendo com que o músico baiano rendesse o seu melhor como cantor e compositor.

Bicho é lançado dez anos após o marco do Tropicalismo — as apresentações do próprio Caetano e de Gilberto Gil no III Festival de Música Popular da Record com "Alegria, alegria" e "Domingo no parque". Desde então, esse seria o álbum em que, depois de sua prisão, exílio e retorno ao Brasil em 1972, exibe mais vigor e energia musical. São nove canções (todas de Caetano com exceção de "Olha o menino", de Jorge Ben) que em na maioria retomam o desejo de ampliar o escopo criativo para outras fronteiras sonoras que circulavam pelo mundo. Se em discos como *Araçá Azul* (1973), *Qualquer coisa* e *Jóia* (ambos de 1975) as experimentações e minimalismos criam universos pessoais e líricos (são trabalhos quase solitários, feitos em estúdios com voz e violão ou instrumentações básicas), *Bicho* inaugura a sonoridade potente de um conjunto de músicos afiados (além dos citados em "Odara", tocaram no disco nomes como Luizão, Rubão Sabino, Raul Mascarenhas, Tuzé de Abreu, Antonio Adolfo, Moacyr Albuquerque e Enéas Costa), com arranjos complexos de cordas, metais, coros, percussão, teclados e efeitos. Segundo o próprio Caetano na época do lançamento, seu desejo era fazer um som "todo de melodias doces sobre um ritmo quente".[1]

---

1. O texto "Bicho" foi publicado no *Jornal do Brasil* em julho de 1977 e republicado na coletânea *O mundo não é chato*, com textos de Caetano Veloso organizados em 2005 por Eucanaã Ferraz.

Essa força cosmopolita, porém, não tinha mais o mundo anglo-saxão como porta de entrada — como foi, por exemplo, no final dos anos 1960. Em 1977, eram as músicas ligadas à diáspora africana pelo Atlântico e ao próprio continente que afetavam diretamente não só o músico como o próprio mercado pop mundial. A música nigeriana, o reggae jamaicano, o soul funk norte-americano ou a disco music eram novas frentes para Caetano Veloso e outros de sua geração se instalarem em um novo momento de internacionalização da música popular brasileira.

Aqui, vale um registro. Essa guinada cruzando o Atlântico em direção à costa africana foi feita por Caetano ao lado de seu grande parceiro e amigo Gilberto Gil. No mesmo ano do lançamento do disco, ambos fizeram parte de uma delegação de 160 artistas e representantes das culturas de matriz africana no Brasil para o Segundo Festival Mundial de Artes e Cultura Negra (Festac), ocorrido em janeiro e fevereiro em Lagos, capital da Nigéria.[2] O festival, ligado em suas origens ao tema do pan-africanismo e reunindo mais de setenta países, fez com que os músicos tivessem contato com novos ritmos, línguas e temas. Se, para Caetano, tais elementos mesclaram-se com seu universo pessoal de compositor popular (em faixas como "Two naira fifty kobo", por exemplo), para Gil eles tornaram-se fundamento pleno em *Refavela*, disco que lança no mesmo ano.

A origem do uso da palavra "Odara" tem ligação direta com essa africanização das canções de ambos nesse período. Desde que voltara do exílio, a dupla, cada qual do seu jeito, aprofun-

---

2. Mais informações sobre a viagem podem ser lidas em *Brutalidade jardim — A Tropicália e o surgimento da contracultura brasileira*, livro de Christopher Dunn (2009).

dou seus laços com a Bahia em sua vertente negra e popular. O carnaval torna-se referência cada vez maior de seus trabalhos, a ponto de Caetano ter lançado, no mesmo ano de 1977, o disco *Muitos carnavais*, composto apenas de canções feitas para a festa ou ao redor do tema. Já Gil abraçava o bloco de afoxé Filhos de Gandhi desde 1973 e vinha aos poucos introduzindo elementos do candomblé em suas composições. A guinada definitiva nessa direção se deu em 1976 com o projeto Doces Bárbaros, ao lado de Gal Costa e Maria Bethânia.

Segundo o próprio Caetano, "Odara" fora uma palavra ensinada a ele por Waly Salomão.[3] De origem iorubá, era usada tanto nos rituais religiosos quanto na gíria de uma geração que, por meio da contracultura local, se conectava com as práticas e presenças africanas na vida cultural da Bahia. "Odara" era, por vários caminhos, uma expressão que emanava positividade, beleza, força e descontração. Ela tanto tem origem hindu quanto dá nome a um exu importante, guia poderoso ligado ao infinito (como a própria canção emana). Ainda segundo Caetano, a palavra não era inédita para ele (já circulava até mesmo em outras canções do período, como "Ilê Ayê", cantada por Clara Nunes em um disco de 1972), mas seu significado passou a fazer sentido em seu trabalho naquele momento.

Esse contexto de trocas e circularidades culturais ao redor da canção e da carreira do músico foi, na época, mal compreendi-

---

3. Informação retirada do já citado texto "Bicho", republicado em *O mundo não é chato*. Vale lembrar que Caetano e Waly estavam bastante próximos nesse período e tinham publicado no mesmo ano de lançamento do disco o livro *Alegria, alegria — Uma caetanave organizada por Waly Salomão* pela editora Pedra Q Ronca.

do pela crítica e pelo clima político radicalizado nos estertores repressivos da ditadura civil-militar no país. Some-se a isso a persistência nacionalista a qualquer diálogo com vertentes mais comerciais da música mundial, principalmente de matriz norte-americana. Tárik de Souza, crítico já influente e que escrevia ao lado de José Ramos Tinhorão no *Jornal do Brasil*, publicou breve texto em que desqualifica *Bicho* ("descolorido") e reclama das declarações "agressivas" do músico contra a imprensa no momento do lançamento. A adesão de Caetano a uma sonoridade mais ligada ao pop de então — seja pelos timbres de baixos e teclados, seja pelo sucesso de canções como "Gente", "Um índio", "Leãozinho" e "Tigresa" — fez com que um trabalho rico em ideias fosse lido como uma tentativa de o músico surfar na onda "comercial" da "discoteque" que se alastrou pelo país no período (vale lembrar, porém, que outros músicos fizeram discos realmente marcados por essa matriz, como o clássico *Tim Maia disco club*).

A canção ainda viveria outra polêmica, dessa vez ligada ao debate crítico-político do ano seguinte. Ela é desencadeada por uma entrevista de Cacá Diegues para o jornal *O Estado de S.Paulo* em 31 de agosto de 1978 (e republicada no *Jornal do Brasil* no dia 3 de setembro). É lá que entra em circulação o termo "patrulhas ideológicas" — uma expressão utilizada para apontar um esgotamento da crítica feita em parâmetros ortodoxos por setores da esquerda brasileira de então. Em meio a declarações e acusações que circularam no período com muita força, as músicas e ideias do compositor baiano são envolvidas no debate a partir de intervenções do cartunista Henfil no jornal *O Pasquim* e em outros veículos da época. Como forma de apontar patrulhamentos que não apenas os criticados pelo cineasta, ele cunhou a expressão jocosa "patrulha odara". A música, cuja letra reivindicava uma liberdade hedonista, torna-se legenda para a alienação "desbundada" e a "ação entre amigos" do grupo ligado a Caetano. As tiras de Henfil (uma delas, de dezembro de 1978, coloca "os odaras" como uma dissidência do Arena, partido que sustentava politicamente o regime civil-militar) são mais um episódio da tensão já existente entre os baianos e um grupo ligado ao jornal carioca que, desde o início dos anos 1970, os transformou em "baihunos".[4] Outro ponto que precisa ser ressaltado no âmbito desses embates é a cada vez maior "pessoalidade" de uma obra que não se furta a falar de amor, família, homoerotismo e prazer no mesmo ano em que ainda estavam vivas as chagas dos anos repressivos na América Latina. Talvez o próprio fato de Caetano ter sido um líder jovem no período mais agudo do golpe militar a ponto de ser preso e exilado contribuísse ainda mais para as cobranças da militância crítica e cultural que o acompanhava desde os seus primeiros anos de carreira.

Em uma longa entrevista concedida ao jornalista Reynivaldo Brito e publicada em março de 1979 no jornal baiano *A Tarde*, (dois anos depois do lançamento de "Odara", portanto), Caetano comenta tais fatos com sua conhecida fúria crítica que, em determinadas ocasiões, é utilizada para demarcar posições ou, principalmente, provocar ainda mais os que o fustigam. Nessa ocasião, ele coloca de forma contundente o que indica como racismo dos jornalistas e de parte da intelectualidade carioca

---

4. O tema que agitou o período ganhou fôlego histórico ao ser registrado no livro *Patrulhas ideológicas,* coletânea de entrevistas organizadas por Heloisa Buarque de Hollanda e Carlos Alberto Messeder Pereira e publicada pela Brasiliense ainda em 1980.

frente a sua trajetória e de seus parceiros de geração como Gil e Milton Nascimento. Citando a matéria d'*A Tarde:*

> Estou querendo e ganhei consciência que aqui é muito África do Sul. A sociedade civil brasileira, enfim, a vida civilizada, urbana brasileira é uma pequenina nata. As pessoas que chegam à universidade, que escrevem nos jornais e lêem as revistas são assim os brancos da África do Sul. Uma minoria racista, privilegiada e de direita ou de esquerda, distante completamente do que seja a verdadeira realidade do país Brasil. Esta é a angústia que sente Caetano Veloso que diz a seguir: "É uma angústia muito grande que sinto por tudo isto. Gostaria de compartilhar com meus compatriotas para ver se a gente amadurece esta colocação minha. Compartilhar para ver o que existe realmente." Continua o seu desabafo duro e sincero. "Daí atribuir às críticas e uma campanha que algumas pessoas ditas de esquerda vêm tentando fazer ao grupo baiano como racistas. Acho que é uma metáfora da realidade. Acho que o fato de eu me dizer mulato, como eu disse numa canção, é o modo de traduzir uma coisa, que digo com meu modo de ser e, o fato de reagirem ao meu modo de ser é também um modo de reagir à mulatice verdadeira que há em tudo isto. Acho racista esta coisa toda."[5]

Se no debate atual a declaração de um orgulho mulato para apontar o racismo de seu tempo soa contraditória pelo estigma contemporâneo que a palavra carrega, naquele momento ela marcava, ainda, uma fronteira (sempre problemática) entre brancos e não brancos no país. Pelas declarações recentes de Veloso,

---

5. Entrevista a Reynivaldo Brito, jornal *A Tarde*, Salvador, Bahia, 2 mar. 1979.

sua posição não se alterou substancialmente. *Bicho* — e "Odara" em particular — causara um impacto grande no compositor como afirmação de sua baianidade miscigenada, de sua persona pública carnavalizada e de sua ligação com um lado mais solar no campo cultural brasileiro que se preparava para a abertura. Vale lembrar que o disco é contemporâneo de coletivos como a Nuvem Cigana e os Novos Baianos e de grupos teatrais como os Dzi Croquetes ou o Asdrúbal Trouxe o Trombone.

Se na década de 1960, porém, o sol dos trópicos nas canções de Gil e Caetano era latino (como em canções como "Três caravelas", "Soy loco por ti América" ou "Cambalache"), naquele segundo momento ele era preto e baiano. Caetano daria um passo além nessa direção quando, ainda em 1977, se junta à Banda Black Rio para a realização do seu *Bicho Baile Show*, sequência de apresentações em que os aclamados músicos de funk e jazz do Rio de Janeiro tocavam parte de seu repertório e, logo depois, acompanhavam o cantor. Hoje em dia disponível em disco (o show de estreia no Teatro Carlos Gomes foi no dia 7 de julho de 1977), podemos sentir nas gravações a força do encontro com a black music de matriz brasileira. Encontro que o próprio Caetano chamou de "uma coisa realmente produtiva para o ambiente de música no Brasil".[6] Era como se os temas africanos e funkeados de *Bicho* achassem abrigo perfeito no repertório da banda que, também em 1977, tinha lançado o já clássico *Maria Fumaça*.[7]

---

6. O texto "É exatamente o que eu estou procurando", relato de Caetano sobre seu encontro com a Banda Black Rio, foi publicado na revista *Música*, nº 14, e se encontra em *O mundo não é chato*.

7. Apesar disso, nem todos receberam sua incursão com a Black Rio de forma positiva. No *Jornal do Brasil* do dia 12 de julho daquele ano, Maria

O tema da formação étnica brasileira ainda marcaria outros trabalhos e canções do compositor ao longo de toda a sua carreira. Mas foi a partir de 1977 que essa perspectiva se instalou e espraiou debates ao redor de uma alegria e positividade vistas por alguns críticos como deslocadas ou, no mínimo, "alienadas". Tais divisões e críticas ao seu trabalho fizeram com que o músico adotasse nos anos imediatamente seguintes uma postura cada vez mais afirmativa em sua relativização das polaridades políticas que ainda vinham da década anterior. Ao lado de Gil e de outros, passaram a propor novas pautas que não estavam necessariamente presas aos embates de patrulhas ou de tensões políticas sobre o destino do país.

Quando lemos algumas das cartas de alguns dos nomes importantes da cultura brasileira feita no período, vemos como o trabalho de Caetano Veloso era impactante — ou, no mínimo, uma referência — entre eles. Paulo Leminski, Caio Fernando Abreu, Ana Cristina Cesar ou Hélio Oiticica, por exemplo, faziam comentários constantes sobre os novos discos que o baiano lançava. Indico tal presença para entendermos o impacto que uma faixa como "Odara" e seu pedido infinito para que deixem a voz cantar e o corpo dançar pode ter causado na geração de jovens ouvintes que atravessavam o peso violento da década — seja no Brasil, seja no exílio (o disco, aliás, é contemporâneo ao retorno de muitos exilados). Ela deseja um mundo inteiro odara, e não

---

Helena Dutra escreve uma crítica dura ao show e principalmente à persona "odara" que Caetano assumia no espetáculo. Intitulada "Feito para esquecer", a autora aponta defeitos técnicos no som da casa, condena o desperdício de músicos importantes em uma banda da moda discoteque e provoca, por fim, dizendo que, para um show dançante como anunciado, "sua figura no palco parece meio inibida e entediada".

apenas um país. Seu canto futuro é cósmico, extravasa fronteiras étnicas, religiosas, culturais, geográficas. A letra, que contém um jogo com o nome dos discos anteriores do músico (*Jóia/Qualquer coisa*), exorta uma liberdade coletiva dos corpos e propõe uma brecha onírica em meio ao pesadelo (cuca/sonho). Mesmo que seja apenas um desejo expressado em versos e melodias, a força da canção atravessou e incomodou diferentes cabeças do seu tempo.

No texto de lançamento do disco, o mesmo publicado no *Jornal do Brasil*, Caetano Veloso comenta a faixa em questão nos seguintes termos: "Quando comecei a gravar o disco, estava convencido de que 'Odara' era a mais bonita das canções que tinha feito ultimamente. Até hoje ainda não encontrei bons argumentos em contrário." Quarenta anos depois, seu "canto e danço que dará" ainda soa atual na instauração fugaz de uma saúde solar em meio ao período de trevas que se espraia entre nós. Nas palavras que fecham o seu livro *Alegria, alegria,* seu apelo para o corpo e a mente livres de amarras ainda nos ensina como levar "a vida entre os monstros".

O Homem Amarelo e o telefone: Perspectivas sobre modernismos brasileiros e a invenção de origens

Este breve ensaio parte de uma premissa especulativa. Sem afirmar certezas, busco abrir uma frente para pensarmos o impacto e os limites do cânone modernista em seu centenário. Uma provocação visando entender como se dá, no Brasil de hoje, o entendimento do que teria sido a modernidade e os muitos modernismos para além da Semana de fevereiro de 1922.

I

Em sua famosa fala para a Casa de Estudante, realizada no Palácio do Itamaraty em 30 de abril de 1942, Mário de Andrade faz um balanço duro e ao mesmo tempo generoso dos vinte anos da Semana de Arte Moderna. Como uma coisa não pode ser dissociada da outra, o balanço também inclui uma leitura pessoal do que veio a ser chamado (pelo próprio Mário) de Modernismo.

Dentre vários pontos importantes de sua fala, Mário define quais seriam os três pontos fundamentais de contribuição definitiva do Modernismo para o campo cultural brasileiro. Cito o trecho inteiro retirado do seu discurso:

Não cabe neste discurso de caráter polêmico o processo analítico do movimento modernista. Embora se integrassem nele figuras e grupos preocupados de construir, o espírito modernista que avassalou o Brasil, que deu o sentido histórico da inteligência nacional desse período, foi destruidor. Mas esta destruição não apenas continha todos os germes da atualidade como era uma convulsão profundíssima da realidade brasileira. O que caracteriza esta realidade que o movimento modernista impôs é, a meu ver, a fusão de três princípios fundamentais: o direito permanente à pesquisa estética; a atualização da inteligência artística brasileira; e a estabilização de uma consciência criadora nacional.[1]

Em um trecho tão rico de ideias, vemos dois eixos fundamentais na dialética do Modernismo: a atualização e estabilização. De um lado, sempre investir na pesquisa para que possamos seguir ampliando os limites inventivos das práticas estéticas brasileiras; do outro, a estabilização de um processo que pode ser entendido como uma "invenção da tradição" também produzida pelo Modernismo. Como pensar isso? São vetores contraditórios? De alguma forma, Mário abre em seu discurso as duas frentes de leitura que o Modernismo passou a ter: a primeira (atualização) podemos entender pelo signo da INVENÇÃO — a ruptura vanguardista, a informação nova, a sincronia cosmopolita de tempos e espaços, a luta contra o passadismo. Já a segunda, podemos entender como parte do paradigma da FORMAÇÃO: a fundação de origens, o enunciado que amarra livros fundamentais como o livro de Antonio Candido (*Formação da Literatura Brasileira*), a

---

1. Andrade, Mário de. "O movimento modernista". In: *Aspectos da literatura brasileira*. São Paulo: Martins Fontes, 1974, p. 242.

ideia de "linha evolutiva", a imagem da "passagem de bastão" entre gerações, a "origem", o Nacional, a História — Estabilização.

A primeira, sincrônica e transgressora, a segunda diacrônica e conservadora. No caso da Formação, vemos como decorrência a construção de uma "ideia moderna de Brasil". Assim, tanto Brasília quanto o Maracatu, tanto a recusa do uso de guitarras elétricas na MPB dos anos 1960 quanto o patrimônio nacional entram nesse prisma de uma nacionalidade inclusiva entre o arcaico e o moderno — base da ideologia do governo Vargas e de Capanema, por exemplo. Um discurso que, como limite perigoso, exige o primado da pureza como legitimador de brasilidade.

No caso da Invenção, vemos como o Modernismo podia também ser reivindicado pelos poetas concretos de São Paulo, por artistas como Hélio Oiticica ou pelos tropicalistas. A Antropofagia aqui será fundamental, pois é o método de apreensão da informação internacional e de sua atualização no contexto nacional. Nesse caso, devemos entendê-la como um método de apropriação seletiva. Afinal, antropófagos não devoravam qualquer um.

O fato é que a história do Modernismo, quando contada pela ótica do seu centenário, evoca muito mais sua estabilização do que seu signo de permanente invenção. Mesmo sendo lida em 2022 a contrapelo, mesmo sendo desconstruída em seu cânone excessivamente paulistano para alguns, mesmo que seu arquivo não corresponda mais a uma série de perguntas políticas da atualidade, é ainda o "sentido histórico" (para ficarmos com as palavras de Mário de Andrade) que prevalece quando um evento de transgressão (a Semana) se torna uma efeméride de tradição. E como toda tradição, o que se faz com frequência é a definição de origens. O começo, os primeiros atos, as primeiras obras, os primeiros sinais. Afinal, citando mais uma vez Mário, o Modernismo "foi um toque de alarme. Todos acordaram e viram perfeitamente a aurora no ar. A aurora continha em si todas as promessas do dia, só que ainda não era o dia".[2] Na busca desse primeiro toque de alarme, nas brumas dessa aurora no ar com todas as promessas, traçava-se uma ideia linear e teleológica de história, cujo princípio já era, inevitavelmente, atado ao porvir.

Para maioria dos textos canônicos e outros estudos sobre o grupo modernista que faria a Semana de 22, o princípio — ou o mito fundador dos heróis — ocorreu em dezembro de 1917.

II

Sabemos que a formação do grupo modernista de 1922 começa de fato cinco anos antes, quando jovens artistas, ainda promessas de literatos, se articulam em prol da defesa de uma também jovem pintora chamada Anita Malfatti — cuja exposição é inaugurada na rua Libero Badaró em dezembro de 1917. A exposição, rapidamente, se torna um evento transgressor quando é publicada no dia 20 de dezembro, no jornal *Estado de S.Paulo*, a famosa crítica de Monteiro Lobato depreciando publicamente o que chamou de "desperdício de talento" de Malfatti. O texto, de caráter altamente conservador no que diz respeito às artes e, em algumas partes, misógino, foi um elemento detonador para que a união desses jovens paulistanos — Guilherme de Almeida, Mário e Oswald de Andrade, Menotti del Picchia e Anita — virasse uma ação articulada em defesa do espírito moderno de São Paulo. Na nossa

---

2. Andrade, Mário de. "O modernismo". In: *O empalhador de passarinhos*. São Paulo: Garnier, 2002.

invenção de começos, 1922 e toda a herança modernista que até hoje consumimos é germinada naquela exposição de pinturas.

Especulemos, porém, o seguinte: e se o Modernismo do grupo que organizou 1922 não fosse o nosso começo moderno do século XX? E se escolhêssemos como marco de fundação da modernidade brasileira um outro evento estético, ligado ao perfil urbano, massivo, tecnológico e étnico do país, acontecido exatamente um ano antes, no Rio de Janeiro (ambos, porém, se cruzando em 1917)? Em dezembro de 1916 um jovem preto, descendente direto de escravizados, filho de trabalhadores manuais (o pai era pedreiro), crescia em uma cidade vertiginosa, capital de uma República esquizofrênica entre os inevitáveis sincretismos dos trópicos e o racismo de políticas higienistas, cujos palcos do teatro de revista, os terreiros de candomblé, os cinemas da Cinelândia, as casas de famílias baianas, os ranchos de carnavais, as cervejarias, as feiras populares, os shows de mágica e operetas fervilhavam muitos "começos" na remixagem de múltiplas origens.

O Rio de Janeiro de Donga (esse é o jovem em questão) era então africano, judeu, francês, lusitano, árabe, baiano, carioca. Sua mãe, Amélia, fazia parte da famosa rede de sociabilidade formada pelas Tias baianas da região da Cidade Nova, Saúde e Gamboa. Esse ambiente efervescente de tradições e invenções foi filtrado por Donga em um passo decisivo: gravar, em uma tecnologia de ponta do seu tempo — a fonomecânica — um samba de criação coletiva: o famoso "Pelo telefone". Surgido nos pagodes da praça Onze, Donga e seu parceiro Mauro de Almeida não só registraram em acetato da famosa Casa Edison uma canção do repertório popular — dando o salto entre a oralidade afrodiaspórica e a reprodutibilidade mecânica — como também assinaram como autores a sua partitura, entrando assim no regime moderno dos direitos autorais.

Em uma famosa entrevista para o Museu da Imagem e do Som, em 1969, o músico afirma que, quando foi gravar o maxixe que ganhou selo de samba, foi chamado pelo tcheco Fred Figner, figura fundamental na difusão da tecnologia fonomecânica no Brasil. Após um tempo nos Estados Unidos, Figner saiu de New Orleans direto para o Brasil, até chegar ao Rio de Janeiro em 1892 e fundar a famosa Casa Edison, em que, como um digno futurista, anunciava o fonógrafo como "a máquina que fala". É lá que grava os primeiros músicos da cidade. Segundo Donga, Figner queria "divulgar o negócio", isto é, seu samba que fazia sucesso nas rodas da cidade. Ele também afirma que todos os passos da gravação foram conscientes, demonstrando uma intencionalidade autoral em prol de uma transformação completa na imaginação pública da cidade e do país ao redor do samba como gênero híbrido entre o urbano e o tradicional. "Pelo telefone" é, nas palavras do historiador Roberto Moura, a passagem de uma obra que surge em um meio sem preocupações autorais (as rodas de samba) para "um produto inserido no mercado aberto pela indústria de diversões". Donga se torna autor, com registro na Biblioteca Nacional, vivendo de sua própria produção estética, sem mecenas do capital cafeeiro — como se deu em São Paulo.

Entre um evento transgressor como esse e uma exposição de pinturas vanguardistas em São Paulo, que, de certa forma, atualizava com grande atraso as escolas expressionistas europeias, talvez o primeiro fundasse um outro marco do moderno brasileiro. E se, em vez de um evento ligado ao campo exclusivo das artes plásticas, tivéssemos como gênese um evento ligado ao campo inclusivo da música popular? Assim, quem sabe, nosso pensamento crítico teria mais simpatia e curiosidade pela cultura de massa, pelas matrizes africanas, pela apropriação direta do cotidiano, pela remixagem de estilos sonoros e pela ascensão social de artistas populares através do uso estratégico da arte e da tradição aliada à tecnologia.

A provocação aqui é extremamente reduzida para o espaço, mas não visa uma polêmica no sentido vazio da palavra. Ela busca contrastar com uma constante organização da nossa história da cultura, cuja matriz ocidental ainda é o lastro principal para pensar aporias, silêncios, fins ou falências do contemporâneo. São eternas crises anunciadas que apontam a perda paulatina de um espaço reflexivo para a canção popular traduzir nossa situação histórica. Afinal, não tinha música popular tocando nos salões do Theatro Municipal de São Paulo. E muito menos pessoas negras com suas contribuições já imensas para se pensar a cultura do país.

Talvez não seja coincidência que lamentem como último suspiro potente dessa música crítica brasileira os artistas surgidos nos anos de 1976/80, quando o arco modernista, aquele iniciado lá na exposição da rua Líbero Badaró, se esgotou como único mito de origem na formação das gerações de músicos, compositores, poetas e artistas em geral que os sucederam após 1922. Seu sentido histórico, sua linha evolutiva, se fragmentam em uma série de invenções sonoras cosmopolitas. Talvez esse seja um dos campos mais profícuos para entendermos que o princípio da atualização, apontado por Mário em 1942, se tornou mais forte que o da estabilização. Os anos 1990, com sua abertura claudicante à globalização, coroam um período em que a cultura pop mundializada oferece novas matrizes de criação. Se nos anos 1940 tínhamos como cardápio criativo sambas, baião, choro, toada, canção popular urbana, bolero ou outras matrizes regionais (algo ainda no escopo do que ocorria na década de 1920), em 2000 tínhamos, além desses, o dub, o rap, o funk, o drum and bass, o house, o pós-punk, o hardcore etc.

O paradigma sonoro modernista — evocado em lições de Mário de Andrade e de Villa-Lobos e ancorado numa noção de popular que se míscla com o folclórico — é contaminado por múltiplos (re)começos que, para além do bem e do mal, ignoram (ou devoram) a "origem" tonal-ocidental da música como linguagem ordenadora de uma nação. São sons que se multiplicam na velocidade das novas nações inventadas diariamente por todo o país. E se repensarmos as origens e histórias do Modernismo brasileiro por esse viés, podemos rasurar o centenário da Semana, entendendo que muitas outras modernidades ocorreram ao lado da vitoriosa narrativa de 1922. Entre as invenções do presente questionam as bases do Modernismo e os tenebrosos fins que o Brasil hoje atravessa, é preciso sempre ecoar a frase do músico pernambucano Chico Science, uma voz que se foi muito cedo: modernizar o passado é uma evolução musical.

Balanços da fossa: O caso da *Revista Civilização Brasileira*

I

O título deste ensaio faz um óbvio jogo de palavras com o famoso livro de Augusto de Campos *O balanço da bossa*. Lançado em março de 1968, trata-se de uma coletânea de artigos do autor (alguns publicados na imprensa paulista), além de escritos de Brasil Rocha Brito, Julio Medaglia e Gilberto Mendes. Apesar dos diversos textos sobre o gênero musical que dá título ao trabalho — a bossa nova —, foram as entrevistas de Caetano Veloso e Gilberto Gil (junto com Torquato Neto) feitas no calor da hora de 1968 que deram longevidade ao trabalho. Na apresentação do livro, Augusto assume duas premissas fundamentais para o período e seus trabalhos: a ideia de *linha evolutiva*, isto é, uma perspectiva cronológica e diacrônica da música popular e das artes em geral (ideia formulada por Caetano Veloso ainda em 1966 e contida, por exemplo, na proposta de paideuma dos concretos) e a *Invenção* com seus "caminhos imprevisíveis" como motor de seleção e apreciação dos trabalhos analisados.

Mesmo assim, é preciso pensar por que a bossa de Augusto se torna aqui a fossa de uma geração. Cinquenta anos depois, o balanço — seja a caminho do mar, seja como exercício crítico — se torna muitas vezes negativo. Não pelo que ficou como legado e energia do período, mas sim como leitura retrospectiva do que não foi possível viver. A ocorrência do golpe civil-militar de 31 de março de 1964 fez com que duas gerações convivessem entre bossas e fossas, entre evoluções e perplexidades, entre explosões de corpos e revoluções de vidas. O que farei aqui de forma breve será uma espécie de mergulho em discursos e debates que ocorreram entre 1964 e 1967 no âmbito da intelectualidade e de artistas que, de alguma forma, se sentiram derrotados pelo golpe. Ou, e eis aí a cisão geracional incontornável do momento, entre derrotados e uma nova geração que já inicia seu trajeto criativo após o golpe.

O espaço que escolhi para essa leitura crítica foi um dos veículos mais importantes daquele momento: a *Revista Civilização Brasileira*. Idealizada e publicada pelo editor Ênio Silveira, a publicação durou de 1965 até 1968 e foi um marco nos balanços entre velhas e novas esquerdas, fazendo da própria ideia de debate um caminho de diagnóstico desse período.

Neste ensaio, trarei dilemas do passado para que possamos jogar um foco de luz sobre os que vivemos no presente. A ideia é demonstrar, a partir de um recorte mínimo, como o nosso país estava sendo pensado dentro do debate intelectual de então. Mesmo com um parco público letrado e leitor, a *Revista* circulou em uma época em que as definições sobre o que era "ser brasileiro" estavam em jogo e atingiu, ainda em 1965, a impressionante marca de vinte mil exemplares vendidos. Pensar a cultura, ler os teóricos e dominar as ferramentas da crítica era um exercício de uma amplitude maior do que podemos imaginar atualmente.

II

Ao nos debruçarmos sobre os números iniciais da *Revista*, vemos como a perspectiva do "balanço" se faz presente. São diversos os artigos e textos voltados para tal ideia ou para a retórica do diagnóstico, do impasse ou da busca de respostas. No seu primeiro número, publicado em março de 1965, ou seja, um ano depois do golpe, o editorial assinado por Ênio e chamado de "Princípios e propósitos" diz:

> O povo brasileiro está agora diante de um grande e sério desafio: será capaz de, superando falhas e contradições, superar também as forças que se opõem ao desenvolvimento do país, numa linha democrática e independente? Será capaz de abandonar formulações meramente especulativas e, através de estudo objetivo de todos os componentes da realidade nacional, equacionar e depois resolver seus graves problemas? Terá capacidade para destruir os mitos e clichês que dificultam ou impedem aprofundamento maior desse estudo?[1]

Temos nesse trecho palavras que são a senha para o tom da revista: desafio, superar, abandonar, equacionar, resolver. E a saída, como indica o autor, é justamente "o estudo". Cabia aos intelectuais que a revista convocava em sua primeira fase — oriundos em sua maioria dos anos de 1950, como Ferreira Gullar, Nelson Werneck Sodré, Paulo Francis, Alex Viany, Álvaro Lins, Moacir Félix, Octavio Ianni ou Florestan Fernandes — aprofundar as

---

1. Silveira, Ênio. "Princípios e propósitos", *Revista Civilização Brasileira*, nº 1, 1965, p. 3.

análises do que deu errado, isto é, de como as esquerdas e demais grupos progressistas foram derrotados pelos militares e seus aliados. Vale lembrar que em 1965 ainda não havia no horizonte a permanência de 25 anos do novo regime. De certa forma, ao mesmo tempo que tal situação de derrota e esperança deixava os textos de então mais agudos em suas críticas e visavam a retomada do estado democrático, ela também permeia cada frase com a tinta da melancolia. Citando ainda o texto referido de Ênio Silveira, "O golpe de abril, sendo mero episódio da crise crônica em que nos encontramos, certamente dificulta, mas por isso mesmo estimula, abre novas perspectivas e torna inadiável a tarefa que lhes cabe executar". Para fechar, o editor anuncia que a *RCB*, como era conhecida a publicação, seria, justamente, "o veículo em que esses estudos e pesquisas da realidade nacional serão divulgados". De alguma forma, a revista se torna o balanço da fossa por excelência.

Se fizermos um apanhado de alguns dos títulos de artigos que seguem esse caminho, a lista se torna grande. Apresento aqui alguns para, em seguida, me deter em momentos emblemáticos do que saiu entre os anos de 1965 e 1967. Já no número 1, de março de 1965, temos "Política externa independente: Um balanço" (sem autor); "Obstáculos políticos ao crescimento econômico no Brasil" (Celso Furtado); "Teatro em 1964: Um balanço" (A. Veiga Filho); "Porque parou a arte brasileira" (Ferreira Gullar) e "Música popular: Novas tendências" (Nelson Lins e Barros). No número 2, de maio de 1965, temos "1º aniversário do golpe: Quem deu, quem levou, reações possíveis" (Paulo Francis) e "A revolução brasileira e os intelectuais" (Florestan Fernandes). No número 3, de julho de 1965, temos "Brasil de hoje: Problemas do futuro com homens do passado" (novamente

Celso Furtado) e "Confronto: música popular brasileira" (com José Ramos Tinhorão, Luiz Carlos Vinhas e Edu Lobo). No número 4, de setembro de 1965, temos "Condições e perspectivas da política brasileira" (sem autor) e "Cultura popular: Esboço de uma resenha crítica" (Sebastião Uchoa Leite).

Vale lembrar que em 1965 Ferreira Gullar publica pela editora Civilização Brasileira seu livro *Cultura posta em questão*. Pelo título, vemos que segue o tom de questionário do presente. Gullar participou intensamente da revista e estava inserido na perspectiva de balanços e derrota, principalmente por ter sido membro ativo do Centro Popular de Cultura (CPC) da UNE e, logo depois, do Teatro Opinião. No prefácio da primeira edição, assinado por Leandro Konder, lemos:

> Erguem-se hoje, diante de nós, no caminho do desenvolvimento, que apenas começamos a trilhar, poderosos obstáculos, preconceitos profundamente enraizados, interesses feridos, privilégios que não querem morrer. Mas nada disso consegue impedir que certas perguntas se imponham a um interesse cada vez mais geral.[2]

Já o próprio Gullar, ainda na introdução do volume, corrobora tal perspectiva ao afirmar que

> Vivemos uma época de urgência e, se essa urgência não justifica a leviandade, impõe um comportamento novo, que é preciso assumir. Faz parte desse comportamento compreender que só o diálogo aberto e o esforço comum de pensamento nos permitirão formular

---

2. In: *Cultura posta em questão/Vanguarda e subdesenvolvimento*. Rio de Janeiro: José Olympio, 2002, p. 16.

e responder às questões que o momento coloca. Com este livro, pretendemos contribuir para o debate.[3]

Neste trecho de Gullar, vale reter tanto a ideia de *urgência* de uma época quanto a proposta de um "comportamento novo". Como sabemos, meio século depois, o novo chegaria dois anos depois com o chamado Tropicalismo, mas não exatamente como Gullar ou Konder imaginavam.

III

Numa sociedade plenamente desenvolvida o intelectual pode se dar o luxo de virar a cara e compor sua obra. Ele confia na divisão do trabalho. Outros estão, mais especificamente, cuidando do país. Um país como o Brasil é como uma família pobre em que todos fazem de tudo e seria o cúmulo que exatamente os intelectuais se alheassem (se alienassem, como se diz agora) da tarefa principal. A crítica pura e simples, ainda que valorosa, é inútil diante de um espetáculo tão ruim como o Brasil. Nem dá gosto.[4]

Esse trecho foi escrito por Antonio Callado em 1966. Com dois anos do golpe civil-militar nas ruas, Callado publicava na *Revista Civilização Brasileira* a resenha sobre o livro de Paulo Francis, *Opinião pessoal*, e era mais um a deixar claro os dilemas do intelectual brasileiro daquele período. A ideia do "engajamento" político através da produção cultural tornava-se uma das prin-

---

3. Idem, p. 17.
4. *Revista Civilização Brasileira*, nº 9-10, 1966, p. 338.

cipais posturas hegemônicas no país durante a primeira metade dos anos 1960. Intelectuais de qualquer campo se deparavam em seu cotidiano com o posicionamento necessário frente a esse problema. A omissão do debate político-sociológico e da reflexão sobre o país era cobrada, como mostra o trecho citado. O resultado da omissão era o estigma da alienação.

Essa hegemonia de um engajamento com perfis pedagógicos e com a instrumentalização distanciada de ideias como "povo" e "popular", porém, começaria a ser questionada a partir de 1964 por intelectuais que, ao contrário da tradição ensaísta do país, propunham projetos e ações de áreas estranhas à crítica, à literatura e ao ensaísmo. Glauber Rocha, por exemplo, se torna uma das forças dessa renovação intelectual por mudar o eixo das pautas e do debate no período. Era um jovem diretor que não abria mão do texto (publicava tanto sobre a história do cinema quanto sobre questões geopolíticas da América Latina) e, principalmente, da política. Ele radicaliza a postura crítica anticolonial no Terceiro Mundo, e no Brasil principalmente, e recoloca em novas bases as leituras acerca de uma arte política. Suas falas e seus escritos não apresentam visões lastreadas pelos estudos filosóficos e sociológicos do Instituto Superior de Estudos Brasileiros (Iseb) ou pelas caravanas populares do CPC da UNE. Para o cineasta, naquele momento de balanços e cobranças, o dito "povo brasileiro" é real, sente fome e vive no limite da revolta social. Eram os responsáveis pela criação de uma cultura subversivamente popular sem mediação do intelectual. A urgência desse povo, desse ponto de vista, era maior que as dos pensadores.

Trago Glauber Rocha porque foi na mesma *Revista Civilização Brasileira*, em sua edição de número 3, de julho de 1965, que ocorreu a primeira publicação de "A estética da fome", ensaio já amplamente visitado pelos estudos ao redor do cineasta. Ele marcou o período como a primeira — ou a mais visível e contundente — manifestação de um intelectual brasileiro frente aos dilemas da relação colonizador/colonizado. Isso ocorreu quando "revolução" era palavra corrente em artigos, livros, debates e conspirações nos bares e redações do país. Glauber expõe em um discurso direto e sintético a situação-limite do intelectual brasileiro (e de todo o Terceiro Mundo): como viver das aspirações, teorias, projetos e decisões das instâncias externas — sejam elas comitês da Internacional Socialista, empresas de cinema, produtores endinheirados ou gurus intelectuais — sem sermos vistos pelo verniz aprisionante do primitivismo ou do "exotismo"? Como criar uma cultura afirmativa e nacional, revolucionária e brasileira, se libertando de premissas que não são nossas, de problemas que não são nossos, de uma ideia de "povo" que não é o nosso?

As ameaças para a reflexão do intelectual brasileiro se materializam em duas posturas que, para Glauber, eram falhas e nocivas naquele momento: a *esterilidade* e a *histeria*. O pensamento brasileiro dos anos 1950 e 1960 navegava nas águas muitas vezes plácidas do nacional-desenvolvimentismo, cuja crença na revolução se dava através da aliança desenvolvimentista de superação do subdesenvolvimento entre um operariado esclarecido, um campesinato engajado nas causas populares e uma burguesia progressista que financiaria e informaria todo o processo revolucionário. Nesse contexto, o diagnóstico de Glauber demonstrava que nossos intelectuais se defrontavam com a esterilidade do empenho em exercícios formais ou meramente comerciais e com a histeria romântica do anarquismo da "poesia jovem" e da indignação vazia, causadora de equívocos como "a procura de uma sistematização para a arte popular" em que "mais uma vez o paternalismo é o método de compreensão para uma linguagem de lágrimas ou de mudo sofrimento". Na esterilidade, o sonho frustrado da universalização subserviente; na histeria, o devastador esforço crítico pedagógico para superar a impotência de criar em um país miserável como o Brasil. Grosso modo, concretismo e CPC eram os dois modelos paradigmáticos que Glauber combatia. O primeiro, priorizando a estética pura, a forma como esteio revolucionário. O segundo, propagando a crença no realismo socialista em que "povo", "burguesia" e "classes" tinham papéis predefinidos no desenrolar teleológico da história rumo à revolução socialista.

Sem meio-tom, "A estética da fome" é um texto lido em Gênova, Itália, para a *consciência do outro*, isto é, para o *colonizador*. Glauber falava diretamente com os produtores de exotismos, fato raro na inteligência do país, endossando a violência como ação positiva de transformação social e como saída, mesmo que limite, para o dilema do primitivismo. Um engajamento que não pressupõe modelos preestabelecidos de ação e proposta, mas sim que *marca uma posição*. O intuito não é mais conscientizar as classes, mas sim intervir através da ação direta do intelectual e do artista frente a esse dilema.

IV

Em julho de 1966, a *Revista* apresentou em seu número 7 mais um dos seus "debates". Em seu título, permanecem ressoando impasses e perguntas de quem se viu desnorteado pela história. Aos poucos, porém, novos elementos no campo da arte e da cultura vão obrigando intelectuais e artistas a ampliar a pauta dos balanços necessários. Como sabemos, as artes visuais, o cinema, o teatro e, principalmente, a música popular iniciam seu processo de ruptura com a pauta política do realismo socialista ou do engajamento cepecista. São obras que passam a inserir o dado da complexidade entre as polaridades predefinidas da Guerra Fria e impossibilitam *a priori* o maniqueísmo como posicionamento político. O debate em questão é o famoso "Que caminhos seguir na música popular brasileira". O time de debatedores é amplo e eclético: Flavio Macedo Soares, Nelson Lins e Barros, Nara Leão, Gustavo Dahl, Ferreira Gullar, além dos jovens músicos baianos recém-chegados ao Sudeste, José Carlos Capinam e Caetano Veloso. Ambos, aliás, encontravam-se em plena gestação de algo que só em 1967 ganharia corpo definitivo, mas que já se insinuava em suas palavras. O debate, conduzido por Airton Lima Barbosa, é iniciado com um pequeno texto que, mais uma vez, corrobora o tom de balanço e fossa: "Em virtude da crise atual da música popular brasileira, a *RCB* reuniu músicos, compositores, intelectuais e estudiosos de música popular para um debate."

A "crise" da música popular diagnosticada pelos editores da revista não vislumbravam nem de longe o que ocorreria no ano seguinte. Vale pensarmos que, na verdade, o que estava em crise era todo um modelo de pensamento nacionalista-popular no âmbito das velozes transformações de uma cultura de massa mundializada, e não propriamente a música popular. Vale lembrar também que a própria ideia de popular estava em transição dramática para as gerações pré-golpe, saindo de sua perspectiva folclórico-romântica para uma perspectiva televisiva e pop. Afinal, em 1966 a Jovem Guarda de Roberto, Erasmo e Wanderléa já era uma realidade incontornável.

Esse debate se tornou marcante também porque é nele que Caetano Veloso formula a sentença que se torna um marco crítico de sua postura pré-tropicalista, isto é, a ideia de uma "retomada da linha evolutiva" na música popular a partir da experiência de João Gilberto em 1959 e sua capacidade de aliar a informação da modernidade musical de seu tempo e a renovação dos padrões tradicionais, sem abandoná-los como passado vazio. O que Caetano reivindica, e que certamente fez Augusto de Campos se apropriar imediatamente dessa ideia, é uma *possibilidade seletiva* do repertório da tradição visando a criação como invenção de uma nova informação. Citando o músico: "Se temos uma tradição e queremos fazer algo de novo dentro dela não só teremos de senti-la, mas conhecê-la. E é este conhecimento que vai nos dar a possibilidade de criar algo novo e coerente com ela." Na frase seguinte, ele arremata dando o contexto da famosa sentença: "Só a retomada da linha evolutiva pode nos dar uma organicidade para selecionar e ter um julgamento de criação." Ou seja, a ideia de uma linha evolutiva, apesar de apontar o dado diacrônico e teleológico da história, é também um processo seletivo que, de alguma forma, recorta a mesma história em seus momentos que interessam a tal ideia de evolução. Ela é muito mais uma operação crítica do que um destino definitivo da qualidade intrínseca da canção popular.

Em outro trecho do debate, Caetano, de alguma forma, aponta a mudança que sua geração passava em relação a textos como os de Gullar ou Callado, citados aqui anteriormente. O jovem músico, com 24 anos na ocasião, já afirmava que não tinha ilusões sobre um "povo" unidimensional e necessitado de conscientização política, nem achava que deveria ser um intelectual com a missão de resolver problemas nacionais. Citando mais uma vez Caetano: "Sei que a arte que faço agora não pode pertencer verdadeiramente ao povo brasileiro. Sei também que a arte não salva nada nem ninguém, mas que é uma das nossas faces." Por fim, reafirma a operação crítica como dado inexorável de sua ação artística: "Me interessa que corresponda o que faço à posição tomada por mim diante da realidade brasileira." Uma simples mudança de um "nós" pedagógico e culpado para um "eu" autônomo e crítico desembocaria um ano depois nas transformações que seriam batizadas de Tropicalismo.

V

Os números da *Revista* publicados em 1967 nos mostram, de alguma forma, como essa visada renovadora de Caetano Veloso irradiava-se pelas pautas da publicação. Em dois anos, o tema do "balanço" e o diagnóstico das derrotas é deslocado para a análise dos novos problemas que o país e o mundo vão adentrando no período. A revista, aliás, se internacionaliza muito mais e amplia os autores e temas. Em seus cinco números (o primeiro, 11-12, acaba compilando o último de 1966 e o primeiro de 1967, demonstrando as dificuldades enfrentadas pelos editores), vemos o surgimento de artistas como Rubens Gerchman e Antonio Dias, artigos de Juliet Mitchell dedicados à revolução feminista, textos voltados para o problema do racismo no Estados Unidos ou trabalhos seminais de Susan Sontag como "Marat, Sade, Artaud". Há também a renovação do pensamento das esquerdas com textos de Lucien Goldman, Hobsbawn e Althusser. Vale lembrar que o período também correspondente ao recrudescimento da censura oficial do regime militar, que cada vez mais demonstrava apetite para permanecer no poder.

O próprio Ênio Silveira, por exemplo, é preso sete vezes entre 1964 e 1969. Sua trajetória de resistência, suas escolhas editoriais e sua filiação política ao PCB o transformaram em alvo constante de processos por parte dos militares. Com sua revista não seria diferente.

Mesmo abrindo novas frentes a partir de 1967, porém, seus editores permanecem fiéis à ideia de que apenas a rebeldia, para retomar o ensaio de Leandro Konder publicado justamente no número 15, de setembro de 1967, não desembocaria na superação da fossa. No editorial do número 13, comemorando dois anos da publicação, há o reconhecimento das transformações, mas há também a necessidade de seguirem a *tarefa* de "organizar o movimento". Assumem que há uma realidade brasileira ainda em jogo, mas agora "sempre em movimento". Apesar de entenderem cada vez mais as transformações fora dos esquematismos típicos da geração que formara a primeira fase da revista, insistiam que o intelectual tinha uma missão. Citando o editorial:

> O que é importante é não esquecer que sem indagar, a qualquer preço, pela verdade dessas realidades, a função do intelectual perde a sua capacidade criadora e desce ao nível dos atos em que o homem avilta em si a humanidade inteira ao aviltar-se na consciência de um definido dever que o redima. Tarefa crescentemente difícil, o importante é que isto é o que vimos tentando — com muitos tropeços, dúvidas e erros — durante esses dois anos de luta em um período que toda a Nação conhece, e durante qual o manifesto apoio de camadas sociais mais lúcidas do nosso país foi o principal alento que tivemos.[5]

---

5. *Revista Civilização Brasileira*, nº 13, 1967, p. 3.

Ainda aqui ressoa a tarefa, o dever e a missão coletiva do intelectual. A transformação apontada por Caetano de um "nós" para um "mim", de um "vamos" para um "vou" ou do popular para o pop não seria imediatamente aceita. Talvez não tenha sido até hoje para alguns setores. Mas não deixa de ser sintomático que, em 1968, o tema da cultura de massa e suas armadilhas imperialistas tenha sido constante nos últimos números da revista.

Concluindo: Roberto Schwarz, em 1987, afirmava no ensaio "Nacional por subtração" que "a cada geração a vida intelectual brasileira parece começar do zero". Em 1967, três anos após o golpe, o balanço da fossa e a renovação da mesma por outra geração assume a sugestão de Schwarz. Começar do zero não como terra arrasada, mas como necessidade de renovação crítica por conta de transformações radicais que, antes de 1964, apareciam cristalinas em sua visada política e cultural.

Em suas "escritas políticas" do *Grau zero de escrita,* Roland Barthes afirma que "Não há dúvida que cada regime possui a sua escrita, cuja história ainda está por fazer". Entre 1964 e 1967, o novo cenário político brasileiro colocou para os seus intelectuais de forma drástica e traumática novos regimes de escrita e de pensamento crítico. E se a história de tais regimes sempre estará por se fazer, o balanço de sua fossa serve de alerta às novas gerações cuja leitura retrospectiva pode cada vez mais se aproximar daquele momento dramático pela lente absurda de nosso presente. Talvez, se ainda há missões para intelectuais, a mais premente é entender que urgências e diagnósticos precários se tornaram parte do nosso cotidiano na luta contra a linha evolutiva do conservadorismo brasileiro.

O Brasil como frustração — Dez notas

> No Brasil tudo se transforma aceleradamente, é preciso antecipar-se "inventando" o passado.
>
> José Carlos de Oliveira,
> *Diário selvagem*, 1977

I

Não são raros os momentos em que um desejo projetivo de país, constantemente presente em nosso pensamento social, transforma-se em fracasso, momentos em que nos deparamos com uma tensão aberta e permanente entre dois aspectos basilares da experiência social brasileira: o atraso e o progresso. O primeiro, como lastro profundo de análises de nossos problemas nacionais, muito comuns na primeira metade do século XX. O segundo, como condição fundamental para o aspecto dinâmico de uma nação que saía de uma condição colonial em meio às dramáticas transformações do Ocidente em seu agônico processo de modernidade industrial. A técnica e a escravidão, a máquina e a natureza, a metrópole e a terra — ou, para ficarmos na fórmula oswaldiana, a escola e a floresta — foram tropos constantes nesse escrutínio de nossa condição histórica e intelectual.

Tateando uma ideia acerca de alguns aspectos desse contraste complementar — sintetizado em 1930 por Drummond na famosa fórmula "No elevador penso na roça, na roça penso no elevador" ("Explicação", de *Alguma poesia*) —, sugiro que tal perspectiva projetiva de um "moderno brasileiro",[1] ou seja, todo o léxico cronológico vinculado ao futuro, ao progresso e ao desenvolvimento, gerou como resíduo existencial em muitos intelectuais e criadores o que chamarei de *frustração*.

A frustração é, e aqui cito dicionários, sentimento que se manifesta pela ausência de um objeto almejado. É também quando o indivíduo é privado da satisfação de um desejo ou de uma necessidade por um obstáculo externo ou interno. Partindo dessa perspectiva projetiva acerca do progresso brasileiro como condição inexorável de modernidades e solução teleológica dos problemas estruturais da sociedade, quantos intelectuais e criadores que viveram no Brasil viram seus sonhos de futuro frustrados? Quantos confrontaram — ou temeram — obstáculos externos ou internos nesse desejo? Com a derrota de seus projetos políticos e estéticos, com a interrupção de suas ambições vivenciais, quantos morreram sem ver o país que imaginavam no que falaram e escreveram? Ou quantos morreram exatamente por não cessarem de aspirar tal ideia? Projetar o Brasil foi por décadas o prato do dia para pensadores e intelectuais, homens e mulheres que articularam reflexão e ação, crítica e prática. Afinal, como não pensar o país como redenção de um sonho em aberto no

---

1. O termo é retirado de um artigo de Marcos Nobre, "Da 'formação' às 'redes': Filosofia e cultura depois da modernização" (2012), publicado em *Cadernos de filosofia alemã: Crítica e modernidade*, nº 19, pp. 13-36. Agradeço a Miguel Conde pela indicação.

Terceiro Mundo em transformação? Como não crer que, como diria a canção, é aqui "que o novo sempre vem"?

Vale sublinhar, neste caso, que não se trata de dissecar o atraso para mapear tal narrativa frustrada, já que a frustração se dá pela infinita postergação do futuro. Ela se abriga, de forma evidente ou alegórica, em narrativas ficcionais, memórias, escritos e demais declarações em que fica latente sua "maquinaria para o desastre",[2] seu princípio devorador que simultaneamente move e aniquila as múltiplas projeções no campo aberto da história nacional. Trata-se de observar o saldo negativo do que Eduardo Gianetti chamou de *anatomia do impasse,* momento em que "a impossibilidade intelectual de crer não suprime a necessidade emotivo-existencial da crença".[3] Por muito tempo e para muitos, o Brasil foi uma crença, mesmo com todas as impossibilidades intelectuais postas de muitas formas. Tais impossibilidades, porém, nunca impediram que sujeitos de diferentes formações sociais e regiões almejassem, nos campos da arte e das ideias, um país que fizesse jus ao seu destino. Mais do que as utopias, foi a possibilidade concreta do novo que mais produziu frustração.

Não falo aqui apenas de frustrações resultantes de derrotas pessoais, suicídio ou falência de uma carreira — essas são tristezas muitas vezes existenciais, no limite da vida privada contaminada pela vida pública. Nossa lista de suicidados pelas condições históricas do país é longa: trata-se da frustração como catarse estética de uma derrota macro-histórica.

---

2. O termo é criado por Davi Arrigucci Jr. para a orelha do livro de poesias *Algaravias*, de Waly Salomão, publicado pela Editora 34 em 1996.

3. Gianetti, Eduardo. *Trópicos utópicos.* São Paulo: Companhia das Letras, 2016, p. 22.

A derrota do "país novo" que ainda podia ser fruto de especulações sobre o porvir, mas rapidamente precisa lidar com sua condição crônica de subdesenvolvimento. Glosando o Antonio Candido de "Literatura e subdesenvolvimento", o clássico de 1970, tal frustração é mais ligada à luz do que sobra do que à sombra do que falta. Uma vez mais, não é o atraso que nos frustra, mas a obrigação de futuro. Nesta perspectiva, fundar uma nação, modernizar uma sociedade e superar sua miséria são imperativos constantes. Assim como, quando tudo dá errado, produzir diagnósticos e autópsias do cadáver frustrado. Nossa "grandeza não realizada", ainda citando Candido, gera em muitos a frustração de planejar, projetar ou sonhar incessantemente um país desejado que nunca ocorre. Como nos lembra Silviano Santiago em outro conhecido ensaio sobre a dependência, o intelectual brasileiro — ou os demais que habitam ex-colônias — fica esprimido entre o discurso histórico, "que o explica mas o destruiu", e a tarefa antropológica, em que "não mais se explica, mas fala do seu ser enquanto destruição".[4] De alguma forma, a frustração se instala justamente quando essas narrativas da destruição se impõem sobre os projetos que buscam superá-las.

Há ainda outros patamares mais imediatos, como a frustração provocada pela incompreensão das ideias formuladas, a frustração do exílio, a frustração do isolamento, a frustração da impotência de uma voz. É quando o criador desenha e resenha um país cujas possibilidades são reais, mas os resultados são aquém,

---

4. Santiago, Silviano. "Apesar de dependente, universal". In: *Vale quanto pesa — Ensaios sobre questões político-culturais*. Rio de Janeiro: Paz e Terra, 1980, p. 17.

muito aquém do planejado. Quando o país nega a um sujeito os meios de viver seu projeto de transformação nacional. É quando, por fim, diante do abismo entre o país desejado e o vivido, vê-se apenas um esboço incompleto.

II

Apesar de o Modernismo de 1922 ter implementado entre nós o ímpeto destruidor das vanguardas e dinamizado todas as esferas dos campos artísticos e intelectuais de então, não se tornou de imediato escola ou cânone para as gerações que o sucederam. Por mais que tenham exercido sua "ação espiritual sobre o país", como afirma Mário de Andrade na famosa conferência proferida no Itamaraty em 1942, os princípios do Modernismo seriam abandonados pelos romancistas da geração de 1930.[5] No fim de suas vidas, tanto Mário quanto Oswald de Andrade manifestaram, de forma distintas, o travo amargo da frustração com o legado de suas obras. Ou, para usarmos mais uma vez palavras de Mário, a frustração derivada de uma "ilusão vasta".[6]

O relato de Mário na referida conferência tornou-se definitivo para a historiografia do movimento modernista por conta do balanço negativo de sua obra e de seus parceiros. Apesar de

---

5. A conferência "O movimento modernista" foi lida em 30 de abril de 1942 no Salão de Conferências da Biblioteca do Ministério das Relações Exteriores do Brasil para a Casa do Estudante. Está publicada em Andrade, Mário. *Aspectos da literatura brasileira*. São Paulo: Martins, 1974, p. 231.
6. Idem.

pontuar a importância de suas três diretrizes fundadoras para o futuro da arte brasileira — o direito permanente à pesquisa estética, a atualização da inteligência artística brasileira e a estabilização de uma consciência criadora nacional —, o autor de *Macunaíma, o herói sem nenhum caráter* aponta um "paradoxo irrespirável", fruto do individualismo esteticista de artistas que não marcharam com as multidões de seu tempo. Para ele, o Modernismo, vinte anos depois da semana que o celebrizou, não cumprira sua missão.

Oswald de Andrade não era menos cético ao avaliar o movimento. No fim da vida, atestava a fragilidade da memória modernista entre as novas gerações e previa que sua permanência seria fruto de batalhas constantes. Numa entrevista concedida à *Tribuna da Imprensa* em setembro de 1954 e publicada sob o título "Estou profundamente abatido: meu chamado não teve resposta", ele lamenta que as inovações literárias da geração de 1922 tenham sido abandonadas em prol de um "retrocesso na literatura brasileira".[7] Em janeiro daquele ano, já tinha afirmado que "as novas gerações não corresponderam ao esforço de 1922". Não é o caso de afirmar que Oswald morrera frustrado, ao contrário. Definindo-se como um "toureador que jamais matará o touro" em entrevista que o *Correio Paulistano* publicou em 24 de outubro, dois dias depois de sua morte, o escritor mostrava-se ainda em condições de pelejar suas opiniões. Mesmo assim, o balanço final de seu legado trazia o mesmo amargor que a conferência de Mário, que falecera nove anos antes, em 1945. Algo dera errado

---

7. Essa entrevista está publicada em *Os dentes do dragão*, volume organizado por Maria Eugênia Boaventura e publicado pela editora Globo em 1990, p. 237.

no desejo de um futuro. Algo não se cumprira em sua promessa. Se, nas palavras de Mário, o Modernismo era fruto de uma "força fatal que viria mesmo", seus criadores não conseguiram ver o momento em que suas ações se firmaram como legado definitivo para futuras gerações.[8]

III

Um dos exemplos paradigmáticos desse tipo de intelectual que acreditou na possibilidade de inventar um "país novo" foi Glauber Rocha, que desde a juventude planejou intervenções críticas na cultura brasileira. Paralelamente aos seus filmes, sempre elaborou panoramas gerais sobre a história política brasileira e seus desdobramentos na contemporaneidade. Produziu manifestos, livros, artigos, romances, todos tendo como assunto central ou horizonte de interesse o Brasil, ou *Brazyl,* em sua grafia inventiva. Dialogou com políticos, acadêmicos, artistas, economistas, militares, estudantes, burocratas de diferentes nações e gerações sobre o quadro histórico de seu tempo. Chegou a cogitar, inclusive, a disputar cargos eletivos (o governo da Bahia e até mesmo a presidência da República) e criar novos partidos políticos.

---

8. É curioso pensar que durante os anos 1960 ambos são retomados como nomes fundadores da modernidade brasileira, seja pela releitura da obra e do arquivo de Mário de Andrade com os estudos do Instituto de Estudos Brasileiros da USP, seja pela apropriação da Antropofagia de Oswald através dos poetas concretos de São Paulo, da encenação clássica de *O rei da vela* pelo Teatro Oficina ou das correlações feitas entre as canções tropicalistas de Caetano Veloso, Gilberto Gil e Torquato Neto com sua obra.

Nessas diversas frentes de ação, fez com que sua vida e a história do país se entrelaçassem constantemente. Em pouco mais de 25 anos de atividade intelectual ininterrupta no Brasil e no mundo, Glauber rompeu com diversos parceiros, contrariando expectativas políticas por seus posicionamentos surpreendentes e, muitas vezes, visionários. Tal capacidade de organizar uma narrativa em grande escala do país pode ser conferida, por exemplo, em *Patrulhas ideológicas*, livro organizado e publicado em 1981 por Heloisa Buarque de Hollanda e Carlos Alberto Messeder Pereira. Com apenas uma pergunta feita pelos entrevistadores, o cineasta dá um amplo, contundente e minucioso depoimento sobre a crise do que chama "linguagem brasileira" durante o processo de abertura democrática. Vivendo naquele momento em Sintra, Portugal, afirma: "Eu sou, digamos assim, completamente rompido com a intelectualidade dominante no Brasil, não pessoalmente, mas no campo das ideias."[9]

Ainda em 1981, último ano de sua vida, um exausto Glauber envia de seu "exílio involuntário" português uma série de cartas para amigos no Brasil. São escritos em que narra sua agonia com prazos, financiamentos e estratégias comerciais de *A idade da Terra*, filme iniciado em 1978 e concluído em 1980 após vários contratempos, resultando em fracasso comercial e crítico no Brasil e no exterior. Vivendo em um longo exílio nômade entre 1970 e 1976 sem nunca abandonar o debate público brasileiro, Glauber retorna no início da década seguinte para a Europa, ainda disposto a trabalhar em novos projetos. Seu quadro de saúde,

---

9. Hollanda, Heloisa Buarque de; Pereira, Carlos Alberto Messeder (orgs.). *Patrulhas Ideológicas — Arte e engajamento em debate*. São Paulo: Brasiliense, 1980, p. 33.

porém, se agrava. Nas cartas de Sintra, o que vemos é o vórtice de um criador frente aos fechamentos de sua existência artística e política. Glauber passara nos últimos anos por uma série de embates com o meio intelectual brasileiro por conta de declarações polêmicas envolvendo a abertura política e o papel dos militares no poder e na redemocratização. Além disso, seu cinema cada vez mais experimental não encontrava lugar num momento em que a Embrafilme privilegiava pornochanchadas ou filmes com perfil mais comercial. Em 23 de março, ele escreve a Cacá Diegues dizendo viver um intervalo, um "fim de ciclo psíquico e corporal". Seu novo exílio inaugurava, também em suas palavras, um "futuro incerto".[10] Em 9 de abril, em carta a Celso Amorim, então presidente da Embrafilme, diz ser um "marginalizado no cinema brasileiro" e exige que comprem definitivamente os direitos mundiais de algum de seus filmes para que não passasse nova crise financeira. Em nova carta a Amorim, de 8 de junho, Glauber afirma sem meias palavras:

> Dei o máximo ao cinema brasileiro e depois fui expulso. E falido. Minha OBRA vale dinheiro. Nunca foi devidamente *distribuída*. É *famosa* mas não *conhecida*. Não é justo que eu esteja na MISÉRIA e meus filmes continuem paralisados A Embrafilme, por ser do MEC, tem o dever de SALVAR OS FILMES *e* ME SALVAR.[11]

---

10. Os trechos das cartas de Glauber Rocha citadas nesta parte são retiradas de *Cartas ao mundo*, livro organizado por Ivana Bentes e lançado pela Companhia das Letras em 1997.

11. Bentes, Ivana (org.). *Glauber Rocha — Cartas ao mundo.* São Paulo: Companhia das Letras, 1997, p. 694.

Dois meses depois do pedido indignado, em 22 de agosto, o cineasta falece. É marcante o tom das últimas cartas de Glauber após o ápice da frustração representado por *A idade da Terra*. Para além do aspecto financeiro, o pedido de salvação simultânea dos filmes e do seu cineasta produz uma demanda existencial frente ao país que tanto acreditou poder mudar. A reivindicação de serviços prestados ("dei o máximo ao cinema brasileiro") como justificativa pela compra de sua obra aperta o nó górdio entre o artista e sua doação a algo que considerava maior — não apenas ao cinema brasileiro, mas ao Brasil, ou pelo menos ao Brasil projetado em seus escritos e filmes. A falência de um pensamento sobre cinema em seu derradeiro filme é também a falência de uma visão de futuro — e de uma vida.

IV

E por que aspirar — e mesmo reivindicar — um país de futuro redentor como resultado de racionalidade econômica, invenção estética ou devir revolucionário? Como saber os limites entre a produção virtuosa de uma modernidade e a opressão de uma modernização? Um dos sintomas desse ímpeto e impasse projetivo que atravessou nossos pensadores (nossa "maquinaria para o desastre") também se encontra nas profecias que fizeram sobre nós. Fiquemos apenas nas mais famosas: o Brasil que Stefan Zweig previu como "país do futuro" em 1941 ou o país "condenado ao moderno", na análise de Mário Pedrosa em 1959. Apesar de elaboradas em contextos bem diferentes, as duas afirmações se entrelaçam de forma engenhosa. Ao produzir, em tom imperativo, uma sentença que parece inexorável, Zweig condena o país ao ímpeto projetivo e etapista que Pedrosa chama de "moderno". Ao afirmar que o Brasil "está destinado a ser um dos mais importantes fatores do desenvolvimento futuro do mundo", o escritor austríaco dobra a aposta ao fazer de nosso progresso local o dínamo de um progresso mundial.[12] Pedrosa, por sua vez, também insere o país e seu futuro em um jogo de forças com o mundo. Na famosa sentença, o crítico articula passado, fatalismo e formação para afirmar nossa condenação — ou seja, nossa culpa. De alguma forma, éramos culpados pela obrigação de futuro; e nossa única saída seria abraçar o moderno. Mas se, como o próprio crítico afirma, o "nosso passado não é fatal", o futuro redentor do atraso atávico se mostrou, muitas vezes, uma armadilha.[13]

O que animava as falas de Pedrosa e de Zweig era o substrato da retórica de um "país novo" e de sua experiência singular de modernidade frente às demais nações. Em 1959, o projeto sem precedentes da capital federal confirmava a profecia do futuro progressista proferida em 1941, mesmo que o decorrer de sua história mostrasse o contrário. A correlação entre futuro e modernidade, no caso dos países colonizados, é inevitável. Se o olhar exótico do europeu que fugia da guerra era bem mais complacente e exortativo do que a visada crítica de um pensador brasileiro formulada a partir da construção de Brasília, ambos afirmavam um país a se fazer em um tempo do porvir. País cujo passado

---

12. Zweig, Stefan. *Brasil — País do futuro*. Rio de Janeiro: Guanabara, 1941, p. 10.

13. O trecho completo de Mário Pedrosa é: "O nosso passado não é fatal, pois nós o refazemos todos os dias. E bem pouco preside ele ao nosso destino. Somos pela fatalidade mesma de nossa formação *condenados ao moderno*". In: Pedrosa, Mário. *Dos murais de Portinari aos espaços de Brasília*. São Paulo: Perspectiva, 1981, p. 347.

escravocrata e agrário era mera contingência sem maiores danos ao fluxo diacrônico do progresso. O eixo temporal se impõe sobre o eixo espacial e faz do tempo presente uma passagem que adia — infinitamente? — a redenção.[14]

Dentro de uma história que ao longo de séculos nos empurrou constantemente para as luzes da razão e do progresso ocidental, o futuro foi muito mais do que uma possibilidade entre muitas dentro do tempo e do espaço. O futuro, aqui, foi salvação e maldição. Só podemos aspirar futuros, pois precisamos nos equiparar ao que já está "na frente": a Europa, a História da Arte, a democracia, a economia liberal, as vanguardas etc. Isso funcionou muito bem quando o futuro da civilização ocidental brilhava como garantia hegeliana de progresso inexorável rumo à liberdade e a plena felicidade iluminista. E hoje? Pode a civilização ocidental prometer ainda um futuro para o mundo e os países que vivem ao seu redor? Pelos últimos eventos, não. Pode, finalmente, o Brasil abrir mão dessa promessa cosmopolita e pleitear seu próprio futuro por meio de um desrecalque do Ocidente? Ou isso seria, de alguma forma, o "fim do mundo" como o entendemos? Ainda somos uma nação dependente de grandes centros irradiadores de ideias ou já somos independentes e universais? Em suma, somos já parte das grandes nações do mundo ou seguimos frustrados com os futuros prometidos?

---

14. Aqui, cabe uma atualização de tais profecias: em entrevista alguns anos atrás, o antropólogo Eduardo Viveiros de Castro reverteu essa "promessa" e cravou sua tragédia dizendo que "o futuro virou o Brasil". E isso não era um elogio ao futuro.

V

Numa cultura em que, nos séculos XIX e XX, ao menos, letramento e literatura estiveram no centro irradiador de discursos sobre pertencimento e projetos de desenvolvimento, o futuro também foi fruto da tensão entre novas formas e velhos hábitos, entre o projeto e o arquivo. O porvir e a memória, o novo revolucionário e o passadismo acadêmico formaram alguns dos pares que nortearam nossas narrativas ficcionais e nossa poesia. Ao mesmo tempo que uma parte de nosso pensamento buscava a atualização cosmopolita, outra parte visava a investigação dos espólios que o progresso urbano deixava no meio rural. O futuro, nesse caso, surgia como responsável pela perda da longa estabilidade patriarcal e interiorana; mais uma vez, formação e fatalidade. Em seus anos de expansão e difusão, boa parte da literatura da geração de 1930 e 1940 escolheu não o futuro, variável aberta do tempo, mas sim a terra, variável imóvel do espaço. Ampliou o território nacional para materializar um país e os dilemas ao redor da superação de um quadro estático. Seus autores fizeram constantes relatos do atraso e do drama da transição populacional de um meio arcaico rural para um meio moderno e industrial. São os anos em que nos debruçamos sobre nossa modernização conturbada e claudicante. Em romances e diagnósticos ensaísticos de caráter sociológico, antropológico e histórico, autores os mais diversos tematizaram o território nacional, sua ocupação, paisagens, diversidade populacional e miséria. Se na literatura temos um mergulho no cotidiano do homem simples do campo, nos estudos dos problemas nacionais eram temas centrais nossa condição colonial e o dilema da sua superação — isto é, fazer do futuro e do moderno algo efetivo, e não apenas projetivo.

Ainda assim, a ficção pouco dedicou-se a um possível futuro do Brasil. Apesar de conhecer os gêneros dedicados ao fantástico, como a ficção científica, poucos foram os autores brasileiros que se dedicaram a obras especulativas ou a projeções distópicas. Escreveu-se muito sobre *o* futuro, mas pouco sobre *um* futuro. Não elaboramos em nosso imaginário coletivo alternativas de vida para além da nossa perplexidade histórica de ser parte de um imenso território. A terra, e não as máquinas, foi o tema central do período. O espaço sideral, por exemplo, nunca foi uma aspiração concreta — o interior, as matas, o sertão e a floresta foram nossos infinitos a serem descobertos e explorados. O Éden aberto que fomos no imaginário do mundo nos vinculou à natureza, a uma utopia particular: o paraíso é aqui, não precisamos buscar nada além de nós mesmos. Ficamos com a sensação de que o brasileiro se basta em sua temporalidade confusa e atravessada entre o arcaico e o moderno.

Talvez a obrigação de analisar o presente subdesenvolvido e o passado colonial e escravocrata tenha embotado um desejo de futuros. Talvez a explicação esteja numa forte tradição do tema da memória como motor da ficção — de Manuel Antônio de Almeida a Pedro Nava, passando por Machado de Assis, Lima Barreto, José Lins do Rego, Oswald de Andrade, Graciliano Ramos e ainda pela poesia ligada ao espaço de origem (Drummond e Minas, João Cabral de Melo Neto e Pernambuco). Vale lembrar, porém, a sugestão de Jacques Derrida: todo arquivo é, simultaneamente, tradicional e revolucionário. Ao mesmo tempo que institui o passado no presente, abre novas frentes de leitura sobre o futuro. Se escritores não tematizaram o futuro como matéria ficcional, a constituição minuciosa desse arquivo da vida provinciana lastreou transformações decisivas entre novas gerações — como a de Glauber Rocha, por exemplo.

VI

Lembrar que somos fundados em matrizes messiânicas, na utopia do Quinto Império, na mitologia sebastianista. Esperar a salvação futura é uma prática cotidiana nossa. Talvez a frustração também seja lembrar que "o dia de amanhã" como esperança transformadora é uma perspectiva arraigada em nosso imaginário, do mais popular ao mais complexo. Lembrar que nas passeatas de 2013 um dos lemas era "Amanhã vai ser maior". O futuro, além de obstáculo, ainda é salvação?

VII

Em 1973, Gilberto Freyre arrisca exercícios especulativos. Antecipando o italiano Domenico De Masi e sua futurologia pop, Freyre prescrevia mais tempo livre para que nos tornássemos um novo tipo de povo no livro *Além do apenas moderno — Sugestões em torno de possíveis futuros do Homem em geral e do Homem brasileiro em particular*. Tal perspectiva especulativa mostrou-se completamente equivocada, e sua crença em uma nação morena e livre por conta do salto tecnológico era quase consonante com os planos militares vistos em documentos oficiais e planejamentos de governo — muitos, aliás, guiados pela retórica do futuro, do progresso e do desenvolvimento. Nessa perspectiva, era a modernização por meio da "tecnologia das telecomunicações" que mudaria o futuro do Brasil-potência e o integraria à civilização. Aqui, é irresistível lembrar de que forma um filme como *Bye bye, Brasil*, de Cacá Diegues (1979), já apontava os limites e frustrações dessa utopia tecnológica do lazer eletrônico materializada nas antenas de televisão em profusão no interior miserável do país. Aliás, a frustração é tema central do filme ao tratar de artistas circenses que perdem espaço no lazer midiático das populações amazônicas. Um futuro que esmaga rapidamente os que não se adaptam a ele.

VIII

E como pensar o futuro do ponto de vista do atraso? São gerações que já iniciaram seus projetos de modernidade aquém do presente, ou seja, no passado do tempo que desejavam ser. Aspirar futuro era ficar em dia com o relógio do tempo e da história europeus. Na literatura do século XIX tínhamos de dar conta dos *ismos* em profusão, assimilando romantismo, naturalismo, realismo, simbolismo e parnasianismo em pouco menos de três décadas. Quando chega o século XX, o feixe mais amplo de *ismos* ligados às vanguardas históricas foi sintetizado em um nome: Modernismo.[15] Em momento posterior, é o concretismo que projeta o futuro por meio da linguagem, propondo a vitória moderna do texto sobre o precário contexto. Sua eclosão no país coincide com o surgimento dos museus de arte moderna, espaços que buscam equalizar temporalidades distintas entre o arquivo e a invenção. Mas como pensar o futuro num momento em que ainda se precisa cantar "chega de saudade"? A bossa nova, assim como a poesia

---

15. E aqui vale lembrar do esforço empreendido por Mário de Andrade em diferentes ocasiões para rechaçar o termo "futurismo paulista" como definição dos trabalhos que o grupo de intelectuais produzia em São Paulo na década de 1920.

e a pintura concretas, representava um futuro? Caetano Veloso chega a afirmar que o Brasil "precisa merecer a bossa nova" e seu otimismo trágico.[16] Lorenzo Mammì, por sua vez, afirma que "a bossa nova é promessa de felicidade".[17] Otimismo e promessa, duas palavras que nos atam, necessariamente, ao progresso, ao futuro, àquilo que poderia nos salvar. Teria a bossa nova realizado sua promessa ou teria sido mais uma de nossas modernidades frustradas?

Afinal, Tom Jobim, Vinicius de Moraes e João Gilberto sem dúvida nos tornaram parte de um futuro cosmopolita. Um futuro que, dez anos depois, já seria visto como "relíquias do Brasil" e "saudosismo" por um jovem Caetano Veloso e suas canções tropicalistas. Em menos de uma década, o futuro promissor de Brasília e da bossa nova tornou-se um impasse frustrante en-

---

16. O trecho se encontra no texto "Diferentemente dos americanos do Norte", conferência proferida em outubro de 1996 no Museu de Arte Moderna do Rio de Janeiro e publicada em *O mundo não é chato*, coletânea de escritos de Caetano Veloso organizada por Eucanaã Ferraz publicada pela Companhia das Letras em 2005, p. 51. Vale a pena citarmos o trecho anterior à frase sobre a Bossa Nova vinculado diretamente ao tema deste ensaio (p. 50): "Quantas vezes ouvi dizer que o Brasil cansou de ser o país do futuro, ou que o Brasil era o país do futuro mas o futuro já chegou, já passou e o Brasil ficou aqui."

17. Em um artigo dedicado ao ensaio de Mammì, Walter Garcia nos lembra que é necessário citarmos a frase completa para irmos além do sentido tautológico da promessa de felicidade. Mesmo que não tenha seguido a sugestão de Garcia, cito aqui: "Se o jazz é vontade de potência, a bossa nova é promessa de felicidade." A análise profícua do tema — e seus desdobramentos no âmbito da canção brasileira contemporânea — se encontra em Garcia, Walter. "Radicalismos à brasileira". *Revista Celeuma*, nº 1, 1993, USP, p. 20.

tre tecnologia, conservadorismo, totalitarismo e subdesenvolvimento.[18] A estratégia de retomada de uma "linha evolutiva", selecionando repertórios modernos e os articulando com uma tradição singular brasileira, ensejou um projeto simultaneamente otimista e trágico que, em menos de três anos, resultou na prisão e no exílio de seus principais organizadores. No início da década de 1970, o "desejo amoroso de modernidade pelo Brasil", definição poética de Rogério Duarte para o tropicalismo, se torna o pesadelo do exílio e a recusa a qualquer vínculo com o projeto de modernização brasileira por parte do regime militar. Como afirma Caetano em artigo no *Pasquim* de novembro de 1969, ao falar sobre ele e Gil em Londres: "Nós estamos mortos." Mesmo que tenham sobrevivido, a interrupção de seus trabalhos — suas mortes — fundam novos sujeitos criativos nos anos que viriam.

IX

Em 1956, três anos antes de Mário Pedrosa afirmar nossa condenação ao moderno, o filósofo Álvaro Vieira Pinto, um dos principais nomes do Instituto Superior de Estudos Brasileiros, o Iseb, escreve *Ideologia e desenvolvimento nacional*. Seus livros, publicados principalmente entre 1955 e 1965, davam o tom conceitual dos lemas à esquerda, principalmente nos meios universitários de

---

18. Anos antes do tropicalismo de 1967/1968, havia também o futuro nacional-popular das canções de protesto, plenas de metáforas sobre um amanhã depois das trevas, sobre um porvir revolucionário e popular. Lembrando Walnice Nogueira Galvão, foi a retórica do "dia de amanhã" que ilustrou esse momento na música e nas artes. Ou, como anunciava Vianinha e Chico de Assis em 1961, "a mais-valia vai acabar, seu Edigar".

então. No ensaio em questão, vemos como o tema-chave daquela geração implicava justamente na ideia de um futuro promissor: o desenvolvimento. Desenvolver, expandir, crescer, melhorar, em suma, progredir, era o pano de fundo dos debates que ocorriam em diversas frentes. Obras como as de Celso Furtado, Darcy Ribeiro, Florestan Fernandes e muitos outros se debruçavam sobre o desenvolvimento sem perder de vista o desafio latente na realidade nacional: o subdesenvolvimento. As saídas ligadas a "reformas ou revoluções", para glosar aqui um título de Roland Corbisier, se projetavam constantemente. Para Vieira Pinto, era o momento de uma encruzilhada: "Ou tomamos o rumo do desenvolvimento, o que se dará à medida que formos capazes de utilizar os dados da ciência e os instrumentos da técnica a serviço de uma ideologia do progresso, ou, se o não fizermos, enveredaremos pela estrada do pauperismo."

O progresso foi certamente o motor que mobilizou, de forma insólita, direitas e esquerdas. O progresso como espécie de *moira*, destino inexorável cuja encruzilhada, para usar os termos de Vieira Pinto, era apenas a definição da forma ideológica pela qual optaríamos. A Guerra Fria como pano de fundo adicionava ao tema do progresso e do futuro cenários esperançosos de igualdades e liberdades. Em ambos, porém, a técnica, a máquina, a cibernética e a racionalidade eram guias efetivos para a travessia. O uso dos mesmos princípios pela ditadura civil-militar — aqueles que, como Vieira Pinto alertava, tomaram os rumos do desenvolvimento — é mais uma etapa das frustrações geracionais dos pensadores progressistas que sofreram dura derrota com o golpe de 1964. O progresso, ou seja, o futuro, enveredou pela estrada da concentração de renda e, por fim, do pauperismo. Uma derrota geracional que só os anos de redemocratização iriam mitigar.

X

Hoje, vivemos um tempo pleno de frustrações no que diz respeito a uma visada projetiva sobre o futuro brasileiro. O incêndio do Museu Nacional se instala no ano em transe de 2018 como metáfora lancinante dessa impossibilidade de olharmos livres para a frente. Se, como disse Mário Pedrosa, o passado não pode ser fatal, o presente pode. A divisão do espaço público em diferentes projetos de país e o quadro de recrudescimento conservador que se afirma no horizonte torna qualquer perspectiva — seja pública, seja privada — incerta. Certamente novos relatos sobre a frustração irão aparecer e novas maquinarias para o desastre serão urdidas, já que o futuro hoje é mais distópico e desprovido de esperanças do que no passado.

Branco sai, preto fica (2014), filme de Adirley Queiroz que é um dos mais contundentes exercícios projetivos contemporâneos, nos apresenta uma perspectiva precisa desse momento: a miséria brasileira é o futuro. Em Ceilândia, cidade-satélite da mesma Brasília que nos condenou ao moderno, seus ângulos e cenários reais remetem a um mundo pós-destruição, cujas imagens e personagens nos deslocam para a perspectiva distópica de um futuro maquínico e precário. Suas sutilezas visuais e sua proposta narrativa descolam nossa fruição de um realismo documental e nos arremessam em uma espécie de gênero híbrido em que o delírio tecnológico da ficção científica nasce nas periferias das grandes cidades a partir de próteses e computadores. Seus personagens vivem "passados futuros" e são pedaços reais das tragédias atávicas — especificamente, de um ato cruel que ressoa até hoje como um subgrave infinito na trilha sonora do país: a invasão policial de um baile black da vizinhança cuja violência contra jovens dançarinos negros interrompe seus planos e, principalmente, seus futuros.

Ao mesmo tempo, esses personagens, meio homens, meio metal, que usam próteses e cadeiras de rodas, são marcados eternamente pela memória — da escravidão, da juventude e dos movimentos perdidos. Eles tornam-se os portadores de um saber transgressor e secreto da tecnologia das sobras, das gambiarras arqueológicas de ferros-velhos, das rádios piratas solitárias, das músicas eletrônicas populares, das bombas caseiras feitas com solda, *grooves* e luzes frias. No filme de Adirley, o futuro é o do pretérito e já se projeta como frustração coletiva. Frustração essa que se torna o motor de uma revolução interdimensional — a destruição do Brasil do passado por um Brasil do futuro. Assim, a frustração que ainda está por vir já está contida no ontem. Um tempo parado que irrompe o hoje como um grito seco de ódio acumulado e que inviabiliza qualquer possibilidade de existir um "futuro do futuro".

O tempo presente é, na verdade, o grande desafio projetivo que enfrentamos. De certa forma, perdemos aos poucos o direito a futuros de países novos e precisamos viver radicalmente o agora. Ironicamente, talvez esta seja a oportunidade de o Brasil deixar de ser uma frustração para se tornar um campo aberto de experimentações. Se não há mais formações em jogo, o passado também não justifica os erros enraizados no presente e sua fatalidade permanente a ser digerida e transformada. E se também não é possível projetar do zero uma nova civilização — e quando isso teria sido possível? —, ainda é necessário projetarmos novos cenários para existirmos coletivamente como uma nação. Afinal, mesmo com as frustrações, nunca paramos de desejar um país. A pergunta é: até quando?

Quantas margens cabem em um poema? — Poesia marginal ontem, hoje e além

> Já sabemos que a civilização está em boas mãos, que a economia está em boas mãos, que o poder passa de boas em boas mãos. E a poesia, está em boas mãos? Esperamos que não.
>
> Eudoro Augusto e Bernardo Vilhena, *Malasartes*, 1975

> A palavra ilegal afinal.
>
> Chacal, *Preço da passagem*, 1972

Máquina de futuros

A literatura é uma grande máquina de futuros possíveis. Uma máquina em permanente funcionamento, cujas engrenagens, mais velozes que a energia que as alimenta, geram descompassos inevitáveis com seu tempo. São os desencontros entre aqueles que vivem o tempo veloz da fabulação e o tempo ordenado dos dias práticos do mundo. Por ser uma expressão poética que é fruto desses descompassos da literatura com seu tempo, a poesia marginal brasileira dos anos 1970 é, até hoje, uma máquina de futuros.

São muitas as possibilidades de reflexão sobre o funcionamento dessa máquina. Suas engrenagens são diversas e sua mecânica envolve componentes heterogêneos no tempo e no espaço. A poesia marginal, apesar de até hoje ocupar um certo lugar que oscila entre o pitoresco e o subalterno no debate cultural brasileiro, tem se tornado, ao longo dos anos, um tema cada vez mais complexo e multifacetado. A abertura e o estudo sistemático de alguns arquivos literários dos poetas do período (como Ana Cristina Cesar no Instituto Moreira Salles ou Cacaso na Fundação Casa de Rui Barbosa), a reunião de obras completas (como os livros de Cacaso, Chacal e Francisco Alvim pela coleção Ás de Colete), as dissertações e teses que surgem nas pós-graduações ao redor do país, tudo isso faz com que um tema visto por décadas como "menor" ou "menos importante" do que as poéticas das décadas de 1930 e 1960 ganhe massa crítica. O que antes era um objeto unidimensional hoje se abre em caminhos e bifurcações temáticas que não param de crescer.

A poesia marginal pode, portanto, ser estudada a partir de abordagens que vão além dos estereótipos de uma poesia da "curtição", do "desbunde" ou do "mimeógrafo". Essas expressões classificatórias, muitas surgidas ainda na época em que os poemas eram publicados, tiveram suas validades expiradas. Atualmente, o debate crítico ao redor do tema envolve intrincadas trajetórias históricas, ligadas não apenas à literatura, mas principalmente ao campo mais amplo da cultura brasileira. Podemos, por exemplo, abordar o tema a partir do seu debate estritamente literário. Professores universitários e poetas travaram, em várias frentes, contatos e conflitos ao redor das práticas letradas que circulavam nos anos 1970. Esse debate ligado ao âmbito da crítica literária pode nos levar a outro, cada vez mais importante, cuja investigação se interessa pela relação da poesia marginal com a indústria cultural de seu tempo. Afinal, essa é a poesia que surge de uma geração televisiva, influenciada pela música popular, pelo cinema e pelo teatro dos anos 1960. Uma geração imersa em uma cultura de massa e nas primeiras tecnologias de reprodutibilidade eletrônica que circulavam entre nós. Tudo isso em pleno nacionalismo desenvolvimentista do regime militar. Há também, claro, o tema central da constituição de um sistema independente de produção, edição e distribuição de livros e coleções por parte de uma série de poetas. Sua autossuficiência produtiva abriu um profícuo debate sobre o mercado editorial brasileiro. Por fim, sem esgotar as possibilidades de outras abordagens possíveis, temos os próprios poemas como objeto de apreciação crítica — do uso desabusado do verso livre ao poema-piada, da oralidade evidente até a síntese de certas tradições modernistas, da rejeição aos cânones normativos do verso (poesia concreta, poema-processo, poema-práxis e a tradição da engenharia de João Cabral de Melo Neto) à falta de rigor formal etc.

Essa variedade de subtemas dentro de um grande tema — a poesia marginal brasileira dos anos 1970 — ganha mais uma camada de dificuldade quando olhamos para o período e percebemos que a poesia marginal abarca uma série de experiências distintas, de dicções pessoais e de trajetórias ora confluentes, ora divergentes. O recorte, tarefa básica de qualquer empreitada crítica sobre um tema amplo como esse, será sempre parcial e incompleto. Certamente, o que será escrito nas páginas seguintes iluminará algumas faces da nossa máquina de futuros para, inevitavelmente, deixar outras temporariamente na penumbra.

Retrato sem moldura

Em 1998, a crítica e professora Heloisa Teixeira (então ainda assinando como Buarque de Hollanda) escreve um posfácio para a segunda edição de sua já histórica antologia *26 poetas hoje*, lançada em 1976 pela editora espanhola Labor.[1] Vinte e dois anos depois, sua organizadora nos diz, maquinando futuros, que o conteúdo eclético porém certeiro dos poemas ali reunidos por ela (com o auxílio de Francisco Alvim e Cacaso) "ainda não disse tudo a que veio". Em meio ao furacão de poemas e poetas que circulavam pelo Brasil do "general de ombros largos que fedia" sonhado por Cacaso e dos "píncaros de merda" vislumbrados por Roberto Schwarz, seu livro conseguiu apresentar para a posteridade aquilo que a história literária brasileira passou a chamar de poesia marginal.

Hoje, 37 anos depois, a poesia reunida por Heloisa cada vez mais cumpre sua missão: legar para as futuras gerações o retrato de um momento importante no debate sobre a poesia brasileira. Um retrato que pode ser desigual, transitório, arriscado, mas que efetivamente delimitou para a crítica e o público — e para os próprios poetas — uma espécie de espaço comum de identificação dessa poesia.

Na época de seu lançamento, a recepção foi diversa — e desconfiada. A própria antologista, alguns anos depois, escreveu sobre a publicação oscilando entre achar que seu trabalho foi simultaneamente bom e mau.[2] Bom na medida em que divulgou

---

1. Hollanda, Heloisa Buarque de. *26 poetas hoje*. 4ª ed. Rio de Janeiro: Aeroplano, 2001.

2. Hollanda, Heloisa Buarque de. *Impressões de viagem — CPC, vanguarda e desbunde*. Rio de Janeiro: Brasiliense, 1980, p. 101.

a poesia dispersa do período em uma publicação oficial; e mau porque justamente sua "oficialidade" retirou da poesia marginal seu tônus, isto é, a força contestatória que emergia da forma e dos conteúdos originais dos livros. Mesmo com essas várias leituras de Heloisa ao longo dos anos, hoje em dia fica evidente o fato de que a antologia levou o público interessado no tema a ler e a pensar a poesia marginal. No âmbito do debate crítico, essa poesia tinha que ser entendida não mais com as ferramentas da tradição. Ela demandava a elaboração de novas ferramentas explicativas. O humor, a oralidade, a postura antirreflexiva sobre o poema, a espontaneidade dos temas escolhidos, tudo isso fazia parte da formação anárquica e interdisciplinar que os novos poetas propunham. De certa forma, esse momento foi decisivo para que os debates literários passassem a ir além dos importantes estudos acadêmicos que estavam sendo produzidos ao redor da obra de nomes consagrados como Carlos Drummond de Andrade, João Cabral de Melo Neto ou Mário de Andrade.

26 poetas hoje é um momento definitivo em todo esse processo. Da imprensa à universidade, todos deram sua opinião — nem sempre positiva — sobre a compilação. Como analisar um livro tão variado, apresentando diferenças de ideias e idades entre poetas, feito a partir de um clima de "moda" que pairava sobre a poesia jovem e com fortes tons de contracultura que era feita no Rio de Janeiro de então? A falta de unidade formal, estilística ou temática não dava aos críticos os instrumentos básicos para analisar um suposto movimento que ocorria na poesia de então. O ímpeto classificatório da cultura acadêmica encontrava na poesia marginal — ou ao menos nos poetas presentes na antologia — um meio inóspito para suas práticas. Levemos em conta que esse era justamente o período em que a teoria estruturalista, a semiótica e outras perspectivas formalistas circulavam com desenvoltura no nosso debate intelectual. Era também o período em que os primeiros estudos do que viria a ser chamado de pós-estruturalismo francês (representado por Jacques Derrida, principalmente) passavam a ditar um novo norte para alguns pesquisadores. Nesse espaço com alto nível de exigência, a poesia marginal e seus poetas eram (ainda) corpos estranhos, e seus versos eram desprovidos de maior substância literária.

Em um debate na revista *José,* publicado ainda em agosto de 1976, essa recepção crítica desconfiada e ansiosa por definições fica evidente. Heloisa Buarque (organizadora), Ana Cristina Cesar, Geraldo Carneiro e Eudoro Augusto (poetas presentes na antologia) tentavam definir para os críticos Luiz Costa Lima, Sebastião Uchoa Leite (também poeta) e Jorge Wanderley um ponto em comum, uma origem, um "embasamento gerador" que movesse em uma mesma lógica os 26 poetas reunidos na antologia.[3] O curioso do debate era o ímpeto classificatório que críticos e poetas (em menor grau) impunham a si mesmos ao discutir a antologia. Enquanto Luiz Costa Lima apontava a falta de reflexão crítica como um possível ponto de união (negativo) entre todas aquelas poéticas, Ana Cristina Cesar, discordando abertamente dele, sugeria como possível linha de força coletiva uma postu-

---

3. Vários autores. "Poesia hoje". In: *José*, Rio de Janeiro, nº 2, ago. 1976. Vale aqui registrar que a revista *José* surgiu em meio a uma profusão de publicações com perfis parecidos. Revistas e jornais dedicados à literatura, como *Escrita, Anima, Opinião* e *Argumento*, além de suplementos culturais dos grandes jornais, foram espaços constantes para os debates do período. Para uma lista ampla das publicações desse período, ver Cohn, Sérgio. *Revistas de invenção — 100 revistas de cultura do modernismo ao século XXI*. Rio de Janeiro: Azougue, 2011.

ra "anticabralina" que, na sua visão, percorria de alguma forma todos os poemas do livro. A retomada do Modernismo de 1922, a recusa dos formalismos das vanguardas concretas da década de 1950 ou até mesmo a atualização do romantismo brasileiro também foram indicadas como possíveis pontos de contato entre o ecletismo do grupo.

Novamente, só com o tempo percebemos que as fraquezas de momento da antologia (ecletismo, falta de coesão interna de um grupo histórico, precariedade de alguns poemas, tentativa de captar um momento ainda em movimento) são justamente sua potência posterior. O futuro comprovou a necessidade daquele retrato necessariamente sem moldura que, cada vez mais, quebra o peso de um "silêncio" ou de um "vazio" sobre os agentes da época e suas criações. Se na década de 1960 a música popular, o teatro e o cinema foram os pratos principais da cultura brasileira, na década seguinte foi a vez de a poesia assumir o proscênio.

Fica evidente, portanto, que as contradições inerentes à empreitada de uma antologia em meio a um quadro de poéticas independentes e dispersas são um dado essencial e dizem muito sobre o período. O livro articulou uma produção poética esparsa, feita fora dos circuitos oficiais, muitas vezes relacionada de forma automática ao tema genérico do marginal. Temos uma espécie de espinha dorsal na lista de nomes, formada por três frentes de ação que galvanizaram o debate sobre a poesia marginal nos anos posteriores. A primeira frente é representada pelo grupo da coleção Frenesi, lançada pela editora Mapa em 1974. Seus cinco livros reuniam três poetas que desenvolviam seus trabalhos desde os anos 1960 e dois novíssimos nomes. O grupo era formado por Cacaso, Roberto Schwarz e Francisco Alvim, os mais velhos, e os ainda estudantes de letras da PUC-Rio Geraldo Carneiro e José Carlos Pádua. A segunda frente era formada pela dupla que representava o grupo histórico da cultura marginal carioca. Desde 1968, Torquato Neto e Waly Salomão articulavam em suas carreiras poesia, música popular, jornalismo, artes visuais, cinema e outras áreas de atuação. Se atuavam em meio ditos "oficiais", eram os que tinham em suas biografias a maior proximidade com um universo marginal. Já a terceira frente apresentada por Heloisa Buarque trazia o elemento mais volátil do período, isto é, a produção que se convencionou chamar de "geração do mimeógrafo". Ela foi representada pela inclusão de três poetas ligados à coleção (e ao coletivo) Nuvem Cigana: Chacal, Charles e Bernardo Vilhena. Além dessas frentes claramente delineadas em seus perfis históricos, temos os demais poetas, que giravam em outros eixos de referência, como Zulmira Ribeiro Tavares, Afonso Henriques Neto, Vera Pedrosa, Flávio Aguiar, Eudoro Augusto ou Carlos Saldanha. Portanto, ao mesmo tempo que criou sobreposições contraditórias de poetas com dicções e interesses distintos, a antologia também mapeou e definiu um campo de pesquisa fundamental para a permanência desse momento. O posfácio da organizadora nos mostra, 32 anos depois, que, se *26 poetas hoje* não era uma reunião de poesia marginal, foi sem dúvida fruto da atmosfera transformadora que os ditos "marginais" estavam provocando na cena cultural brasileira de então.

Observando dessa perspectiva, talvez hoje seja possível vislumbrar, entre a variedade de poemas e poetas daquele período, uma certa linha de força, vibrando entre todos os versos e reveses escritos e vividos por uma geração definida por algo mais do que um recorte cronológico. Num país que atravessava um período marcado pelo excessivo controle político, poetas das mais variadas idades e origens constituíram um espaço de atuação cujo ponto em comum foi a não adequação. Uma não adequação ao seu tempo de mortes e milagres. Uma não adequação ao clima de silêncios e responsabilidades compartilhadas por um suposto decréscimo (o *vazio*) na qualidade cultural do seu país. Uma não adequação que transtornou biografias, que escancarou a situação precária do poeta e do escritor em geral em sua relação com o mercado editorial de seu tempo. Uma não adequação, enfim, de um poeta que trouxe dilemas para a crítica literária do período, que reivindicou uma revisão de práticas e saberes acadêmicos nas universidades, que embaralhou filiações históricas e promoveu a abertura de caminhos ainda não trilhados. Lançaram os dados de futuros do pretérito que, como nos poemas de Charles Baudelaire sobre Paris, tornaram-se futuros do presente. Se a poesia marginal não nos deu um estilo definido no âmbito do poema, sem dúvida definiu para a posteridade um estilo de poeta.

"Possuído da energia terrível"

Nos anos 1970, a alcunha *marginal* tinha, mesmo que aplicada de forma controversa e contraditória, um solo fértil para que o seu sentido criasse raízes profundas no imaginário do seu tempo e pudesse abarcar uma gama muito variada de poéticas e trajetórias em um mesmo feixe de significação. Afinal, o poeta não foi o único que se viu — ou foi visto — à margem do mercado e da vida. Nem foi o único a receber tal rótulo durante o período. Entre 1968 e 1969, ou seja, paralelamente aos marcos fundadores de uma cena poética vinculada ao tema do mimeógrafo e da transgressão editorial, surgiram para o grande público as expressões "cinema *marginal*", "arte *marginal*" e "imprensa *marginal*". O filme

A margem, de Ozualdo Candeias, foi exibido em 1967. No ano seguinte, saía *O bandido da luz vermelha*, de Rogério Sganzerla. A bandeira *Seja marginal, seja herói*, de Hélio Oiticica, seus textos sobre o desenvolvimento de uma arte marginal (ou antiarte) são de 1968 e 1969. Já o jornal carioca *O Pasquim,* um dos fundadores da imprensa marginal no país, teve sua primeira edição lançada em 26 de junho de 1969.

Nos quatro primeiros anos da década seguinte, apareciam, por fim, a poesia *marginal*, a literatura *marginal* e o músico *maldito* — um derivativo do marginal no campo da música popular. Nesse último caso, por exemplo, é notório o vínculo — muitas vezes incômodo — entre os trabalhos de nomes como Carlos Pinto, Sérgio Sampaio, Jards Macalé e Luiz Melodia (todos surgidos em 1971 e 1972) e a ideia de marginalidade. Tal vínculo gerou, na época, a pecha de "músicos malditos", rótulo que os acompanhou por um longo tempo em suas carreiras.[4]

Esse excesso notório de "marginalidade" nas diversas áreas de criação cultural indica que, durante um breve período, essa espécie de "subgênero estético" fazia parte dos principais debates intelectuais da época. Um subgênero que se apropriava da multiplicidade da expressão "marginal" para definir seu lugar no espaço cultural brasileiro. Se todo artista que investia em contradiscursos estéticos e comportamentais durante o período do Brasil Potência era considerado marginal, não seriam os poetas que se livrariam dessa acusação.

---

4. Sobre a cultura marginal e seus desdobramentos nos anos 1970, conferir Coelho, Frederico. *Eu, brasileiro, confesso minha culpa e meu pecado — Cultura marginal no Brasil 1960-1970.* Rio de Janeiro: Civilização Brasileira, 2010.

Hoje, ampliando o nosso olhar ao redor do tema, podemos compreender com mais acurácia o que se convencionou chamar de "poesia marginal brasileira". O poeta marginal não pode mais ser definido apenas pelos livros mimeografados que fez (definição a partir do produto), nem apenas pela estreita relação entre poesia, vida e contracultura (definição a partir das biografias), nem apenas pela informalidade de uma poética oriunda das perplexidades cotidianas do jovem urbano brasileiro durante a ditadura militar (definição a partir do tema). O poeta marginal era, naquele período, uma reunião contraditória de todos esses aspectos. Ele fazia parte de um compromisso estético coletivo cerzido ao acaso. Participou de um pacto silencioso entre anônimos, descentralizado em suas intenções, mas contundente em seus atos.

Cada um que esteve presente nos livros e eventos ligados à poesia marginal, mesmo sem contatos ou aproximações pessoais, era comprometido com alguma das dimensões que giravam ao redor da representação do transgressor. E naqueles dias de dunas do barato, novelas nacionais, transamazônicas e bombas no sertão, não faltavam narrativas sociais para definir o perfil público e privado do transgressor: transgressor do mercado editorial oficial, transgressor da linguagem poética estabelecida, transgressor dos cânones estéticos do período, transgressor do comportamento reservado do poeta, transgressor da lei e da ordem, transgressor da luta política "comprometida" contra a ditadura etc. Cada poeta com sua transgressão — ou com todas.

De alguma forma, o marginal tem como antípoda aquilo que é central, ou então, em outro sentido, aquilo que é oficial. Mesmo que não exista uma poesia "oficial" sendo produzida no Brasil do período, ela deveria permanecer "em boas mãos", como provoca a epígrafe deste texto. Os pactos valorativos que circulavam pelo campo literário brasileiro definiam claramente que tipo de poesia era ou não considerada literatura. Nos debates críticos da época, como o já referido ocorrido na revista *José* em 1976, João Cabral de Melo Neto, Drummond e o Modernismo ainda eram as balizas para se debaterem influências e filiações entre poetas marginais. Poucos críticos criaram, naquele momento, a ponte com outros meios que alimentavam a poética da geração, como a música popular, a publicidade e a televisão. Em seu artigo "Os abutres", Silviano Santiago foi um dos primeiros a esboçar interesse crítico propositivo sobre a produção do período, indo além da tentativa de desqualificação do poema marginal por contraste com nossa tradição moderna. Escrito em 1972 e publicado pela *Revista Vozes* em 1973, o texto de Silviano enxergou no que chamou de "estética da curtição" os elementos de uma nova atmosfera artística e cultural alimentando a poesia dita marginal.[5]

Não há na afirmação a respeito da transgressão, portanto, nenhuma inocência romântica ligada ao mito moderno do poeta maldito e malquisto em seu próprio tempo. Tal possibilidade heroica do jovem poeta marginal brasileiro como um *gauche* malcompreendido e descoberto apenas na posteridade já foi desmontada no seu nascedouro. A transgressão, aqui, é afirmativa. Consiste em fazer sua arte no descompasso da expectativa normativa do seu tempo — seja ela textual, editorial ou comportamental. O que estava em jogo para uma série de aspirantes à poesia era a busca de uma voz própria e de um espaço entre a produção literária brasileira. Seu motor principal era serem lidos imediatamente pela sua geração, sem aspirações em fazer parte de um legado da

---

5. Santiago, Silviano. "Os abutres". In: *Uma literatura nos trópicos*. 2ª ed. Rio de Janeiro: Rocco, 2000.

nossa "alta cultura" livresca. Não aceitar os padrões do mercado, da família, da sociedade e da lei eram atitudes tão fundamentais quanto escrever poesia. Eram, aliás, a mesma coisa.

Na recusa em se alinhar passivamente ao cânone literário das vanguardas e das tradições brasileiras pós-1945, na impossibilidade de se adotarem os modelos oficiais de produção editorial e na recusa recíproca do cânone e do mercado em aceitá-la, a poesia feita a partir da transgressão como ponto comum de partida torna-se necessariamente marginal. Essa é, ao menos, a primeira camada dessa tipologia, a primeira possibilidade de leitura da amarração classificatória que o termo "marginal" proporciona a uma ampla e heterogênea produção dos anos 1970. De certa forma, naquele momento, a sensação de marginalidade era quase inerente ao ofício do poeta que iniciava sua trajetória. Mesmo sem afinidades obrigatórias nos poemas, muitos traziam aquilo que Bernardo Vilhena e Eudoro Augusto chamaram em artigo publicado em 1975, na revista *Malasartes*, de "consciência marginal".[6]

Se um poeta como Francisco Alvim e suas elipses silenciosas entre as frestas das falas cotidianas não se encaixam no mesmo espaço biográfico que um poeta de verso livre desabusado e acidamente humorístico como Charles, se Waly Salomão investe, em suas primeiras experiências poéticas, na sobreposição da experimentação delirante da linguagem em diálogo permanente com o rigor das vanguardas construtivas dos anos 1950

---

6. Vale registrar que o texto "Consciência marginal", escrito por Vilhena e Augusto, foi uma primeira tentativa de esboçar uma breve antologia da poesia marginal do período (ao menos carioca). O texto era uma introdução aos textos de vinte poetas que, em sua maioria, estariam presentes na antologia *26 poetas hoje*, organizada por Heloisa Buarque de Hollanda no ano seguinte.

(concretos e neoconcretos) e Cacaso estabelece sua travessia da empolgação juvenil com a poesia concreta até o seu descarte litigioso em prol de uma poética concisa, direta e lírica, hoje as carreiras dos quatro têm como filtro crítico comum, para o bem e para o mal, o compromisso ao redor da transgressão e da não adequação com a poesia e a sociedade do seu período. Apesar de terem a autonomia intelectual de suas obras garantida com o passar dos anos, eles continuam poetas que integram uma espécie de paideuma da poesia marginal em livros, publicações e exposições dedicadas ao tema. De certa forma, atualizando suas presenças entre a produção poética contemporânea a eles, suas diferenças potencializaram seu compromisso estético à margem, fazendo com que uma espécie de energia transformadora da poesia (a "energia terrível" reivindicada por Waly na sua técnica de "FORÇAR A BARRA") fosse emanada através dos tempos para as futuras gerações.[7]

A variedade de formas, temas e vidas que giram ao redor da expressão "poesia marginal", surgida nos anos 1970, tornou-se, portanto, um valioso lastro histórico para poéticas que se aproximam não propriamente por meio de um estilo normativo (como o uso obrigatório do soneto na geração de 1945 ou a camisa de força dos dogmas formalistas propostos pela poesia concreta em sua primeira fase), mas sim pela vontade permanente de transgressão e transformação do estabelecido.

O fato é que a chamada "poesia marginal", se nos detivermos em alguns de seus marcos temporais (como os lançamentos dos

---

7. Esse trecho de Waly é retirado do seu poema "Stultifera Navis", publicado em *Navilouca*, revista planejada por Torquato Neto e Waly Salomão em 1972, mas lançada apenas em 1974.

mimeografados de *Muito prazer*, de Chacal, e *Travessa Bertalha 11*, de Charles, ambos em 1971), já ocorreu há mais de cinquenta anos. Durante muito tempo, ela foi lida — e pensada — como a ala mais "jovem" de nossa história literária, mesmo com a grande diferença de idade entre alguns poetas do período. Era uma espécie de último estágio antes do "contemporâneo", ou de uma poética sem escolas que vem dos anos 1980 até hoje.

A questão jovem, mesmo que seja precária como categoria de análise, é uma das marcas de certo frescor que ainda acompanha a leitura crítica da produção daquele período. Mas nossa história nos mostra que o fato de ser um jovem poeta não era necessariamente garantia de que se era um poeta jovem e que, por isso, deveriam se levar em conta outras formas de se ler a poesia. Se pensarmos, por exemplo, que Vinicius de Moraes publicou seu primeiro livro, *O caminho para a distância*, com vinte anos (1933), e que sua poesia não era relacionada a uma temática jovem nem reivindicada como tal pelo autor (mal se pensava então no jovem como identidade cultural), percebemos que o "jovem" da poesia marginal tem papel fundamental na sua apreciação. Hoje, claro, essa temática que foi utilizada para o bem e para o mal ganha a perspectiva crítica proporcionada pela distância no tempo. Se seus poetas não são mais jovens, o frescor "juvenil" da sua escrita ainda é reivindicado em algumas leituras sobre suas obras. São os temas eleitos e suas biografias avessas ao lugar comum do poeta — universidade, editor, emprego público ou diplomata — que marcam as obras do período, apesar de termos entre o grupo marginal poetas que saíram da universidade, além de editores e diplomatas.

O tempo, porém, se encarrega de fornecer ao pesquisador uma perspectiva crítica em cuja leitura a poesia dos anos 1970 abandona sua eterna puberdade e ganha o peso da história. A juventude, a transgressão, a marginalidade apresentam outros contornos quando analisamos essa época e essa poesia munidos de uma série de informações produzidas *a posteriori* e de um paulatino processo de consagração do tema, de seus nomes e de suas obras. Vistos como precários e fugazes quando foram lançados, seus livros, mimeografados ou de coleções independentes, tornaram-se peças auráticas na trajetória de poéticas hoje maduras. São vistos como relatos valiosíssimos de um tempo em que a poesia era, mesmo marginal, o assunto do dia entre uma certa população do país.

A margem dos poetas

Como dito anteriormente, é notório que no Brasil dos anos 1970 a temática do marginal não ficou restrita ao campo da poesia e da literatura. Repensar o estatuto da palavra "marginal" e entender os seus múltiplos significados que circulavam no período entre os agentes culturais em cidades como o Rio de Janeiro, São Paulo ou Salvador é uma boa forma de ampliarmos as possibilidades de leitura acerca da poesia e do seu estatuto de marginalidade. Afinal, temos uma série de consensos sobre o que *não* permite que definamos a poesia marginal, já que seu ecletismo de poetas e poéticas torna difícil qualquer certeza para além de serem, todos, "marginais". Sabemos que a idade não é um eixo de explicação satisfatório para se criar uma unidade entre os poetas. Sabemos também que a contracultura, apesar de ressoar nos poemas de alguma forma, não era o estilo de vida hegemônico entre todos. O verso livre ou o poema-piada também não podem ser os índices definidores da marginalidade desses poetas. Se, como afirmamos, a transgressão em seus múltiplos aspectos era uma mola-mestra em comum, era a partir dela que a representação do marginal se encaixava nos mais variados poetas.

Essa reflexão crítica sobre o uso do termo "marginal" para se definir um recorte da poesia feita nos anos 1970 já se encontrava nos primeiros textos sobre o tema, escritos ainda no período por críticos, poetas e poetas, como Heloisa Buarque de Hollanda, Silviano Santiago, Ana Cristina Cesar e Cacaso. Ainda naquele primeiro momento, era evidente nesses autores a oscilação entre o uso passivo do termo "marginal" e o seu questionamento crítico. Já em 1972, por exemplo, Silviano Santiago ouve o canto transgressor de livros como *Me segura qu'eu vou dar um troço*, de Waly Salomão, e *Os morcegos estão comendo os mamões maduros*, de Gramiro de Matos, e levanta a relação entre poesia e marginalidade. O crítico indica um "marginalismo criativo" que dificultava a entrada dos novos poetas e escritores na história da literatura brasileira.[8]

Os artigos e livros dessa primeira geração de críticos da poesia marginal foram as principais contribuições reflexivas de primeira hora sobre o tema. E elas foram feitas exatamente pelos que acompanharam de perto o fenômeno histórico e que, ao mesmo tempo, faziam parte dele (no caso de Heloisa, Ana Cristina e Cacaso). Eles participavam simultaneamente como comentadores críticos e como produtores de textos poéticos, coletâneas e coleções. Até pouco tempo atrás, esses eram, ao lado dos de pesquisadores da nascente década de 1980, como Carlos Alberto Messeder Pereira, Glauco Mattoso, Armando Freitas Filho, Mar-

---

8. Santiago, Silviano, op. cit., p. 135.

cos Augusto Gonçalves e Flora Süssekind, os principais textos do período para se estudar o tema da marginalidade no âmbito da literatura. Suas análises críticas estavam, para o bem e para o mal, impregnadas de pessoalidade e de uma perspectiva aguda dos problemas literários e editoriais do seu tempo. E foi justamente a força desse *fazer* articulado a um *pensar* que permitiu à poesia marginal permanecer ressoando entre gerações e mantendo em funcionamento sua máquina de futuros.

Se em 1976 Heloisa Buarque teve de argumentar a existência de um liame mínimo para enfeixar em uma mesma lógica histórica dicções e práticas poéticas distintas, hoje não precisamos mais necessariamente reduzir suas potências, qualidades e limites em um denominador comum. Não é mais necessário entender a poesia marginal como um movimento literário organizado ou como um padrão unívoco de produção. A oferta atual de obras e pesquisas traz os variados contornos desse bloco monolítico durante muito tempo chamado de "poesia marginal", que pode ser visto sob novas luzes, a partir de outras significações. Desarmada a perspectiva macrocósmica, montamos um grande quebra-cabeça feito de pequenas peças. São relatos, documentos, memórias e outras fontes que iluminam essas pequenas peças e fornecem sentido para uma visão ampla, mesmo que fraturada. Já é possível, por exemplo, estudar as longas trajetórias de alguns poetas até hoje em atividade — no caso de um Chacal ou de um Francisco Alvim — ou analisar aquele momento na encapsulação de um desfecho abrupto e interrompido — no caso de Torquato Neto, Guilherme Mandaro ou Ana Cristina Cesar, três nomes que se suicidam ainda jovens.

Mimeografias

A busca de novos caminhos formais, editoriais, visuais, temáticos e profissionais fez com que os poetas da virada dos anos 1960 e 1970 fossem filtrados em uma categoria cuja origem é bem delineada no seu aspecto sociológico: o poeta é marginal porque escapa das limitações comerciais do mercado editorial oficial e publica seus poemas de forma artesanal ou independente. Ele é, enfim, o representante de uma "geração mimeógrafo". Relacionar a poesia do período ao termo "geração mimeógrafo", porém, é uma forma redutora de falar dos poetas marginais, pois limita a experiência transgressora e renovadora da poesia do período ao seu suporte material.

O fato de alguns poetas utilizarem o mimeógrafo como tecnologia mais à mão para a produção dos livros artesanais demonstra um recurso contingente — e não estratégico, deliberadamente provocador ou vanguardista — para a realização do ato básico de um poema: ser lido. Jovens sem perspectivas de serem publicados por uma editora encontraram no mimeógrafo a saída prática — e não metafísica — de sua poesia urgente. Sem pensar a que circuito atingiriam ou que público se interessaria por eles, transformavam sua poesia em mercadoria e iniciaram uma nova forma de lidar com a autonomia criativa do artista frente à indústria cultural do seu tempo. Se a autoedição não era uma novidade plena entre poetas (Francisco Alvim, por exemplo, publicou de forma independente, em 1968, o seu *Sol dos cegos*), naquele momento de silêncios e restrições da década de 1970, inventar uma nova forma de produção era um sintoma de vitalidade em um mar de conformismos. E não foram poucos os que pensaram e anunciaram isso. Em artigo no jornal *Opinião* de

2 de junho de 1976 ("Nove bocas da nova musa"), Ana Cristina Cesar evoca o sistema literário de Antonio Candido e sua relação autor-obra-público para destacar a precariedade da poesia na política editorial do período.[9] Já Cacaso, em artigo dedicado à poesia de Chacal e publicado na revista *Almanaque* em 1978 ("Tudo da minha terra"), enfatiza a "marginalização material" do poeta daquela geração ao assumir riscos de edição e distribuição.[10] Para ambos, era cristalino que a definição de uma marginalidade na poesia do seu tempo — e nas suas próprias produções — passava pela questão editorial e pela busca de independência por parte do poeta. Ser lido, ter sua poesia ao alcance do leitor, era tão ou mais fundamental para os poetas do que demarcar algum tipo de posição política ou estética.

Afirmar aqui, portanto, a contingência do mimeógrafo é afirmar não sua fraqueza, mas sua força. Tal saída engenhosa teve como um dos principais responsáveis o poeta e professor de história Guilherme Mandaro. Segundo seus amigos Chacal, Ronaldo Santos e Charles (núcleo de poetas que, ao lado de Bernardo Vilhena, integravam em 1976 o coletivo Nuvem Cigana), era Mandaro quem organizava e demandava deles um compromisso crítico e produtivo ao redor da poesia. Era 1971 quando, de forma prática, ele ofereceu a Chacal e Charles a solução para a publicação de seus primeiros livros: um mimeógrafo que existia em um curso de pré-vestibular em Copacabana. Ligado a movimentos políticos estudantis da época, Mandaro sabia que o mimeógrafo

---

9. Cesar, Ana Cristina. "Nove bocas da nova musa". In: *Crítica e tradução*. Rio de Janeiro: Ática/IMS, 1999.

10. Cacaso (Antônio Carlos de Brito). "Tudo da minha terra". In: *Não quero prosa*. São Paulo/Rio de Janeiro: Unicamp/UFRJ, 1997, p. 23.

era uma forma barata, rápida e eficiente para fabricar e distribuir panfletos e textos. A ocasião proporcionou os meios, mas não os fins. Nos anos seguintes, todos os poetas *mimeografados* veriam seus poemas sendo editados em livros bem-acabados por editoras independentes ou comerciais. Não havia, portanto, uma guerra aberta ou a vontade de ser ideologicamente contra as editoras. A precariedade e o artesanato eram etapas inovadoras na libertação da poesia e do poeta, mas não necessariamente um princípio dogmático.

Deslocando o rótulo de sua função taxonômica para uma função ilustrativa, a "geração mimeógrafo" não foi um movimento, mas sim uma motivação. Sem planejamento prévio, ela decorreu de uma solução técnica precária, porém eficiente, para superar a dificuldade de um jovem poeta — ou de qualquer idade, iniciando sua carreira — em publicar seus poemas por meio de uma editora. Quando publicou seu livro *Muito prazer*, Chacal tinha apenas vinte anos e nenhuma história prévia com poesia em sua vida. Charles, apesar do sobrenome Ronald de Carvalho, também não havia publicado nada em seus 23 anos. Para esses poetas, a informalidade e a liberdade em inventar o seu sistema pessoal de distribuição não eram uma meta em si, mas uma necessidade concreta. Um risco a mais em um país de jovens que viviam as experiências locais da contracultura internacional e nunca puderam esperar muito mais do que a margem.

E é preciso ressaltar que os livros de mimeógrafo não foram nem os primeiros independentes da geração nem os que inauguraram uma manufatura quase artesanal na nossa história editorial. A prensa particular de João Cabral de Melo Neto, por exemplo, editou pela sua Livro Inconsútil uma série de livros "caseiros" para amigos como Vinicius de Moraes, Manuel Bandeira e Lêdo Ivo, entre outros. Já no período dos livros-mimeógrafos de Chacal e Charles, Afonso Henriques Neto e Eudoro Augusto lançavam de forma independente o bem-acabado *O misterioso ladrão de Tenerife*, também em 1971.

Outro ponto importante para relativizar, por fim, a expressão "geração mimeógrafo" e seu uso em relação aos poetas do período é lembrar que nem todos os poetas ditos marginais produziram seus primeiros livros desse jeito. Já nos referimos ao exemplo de Francisco Alvim lançando seu primeiro livro, em 1968. Outro exemplo é Waly Salomão, que publicou em 1972, pela José Álvaro Editor, o seu *Me segura qu'eu vou dar um troço*, com uma incrível e trágica tiragem de 10 mil exemplares. Alguns, como Torquato Neto, nem tiveram livros lançados durante sua vida. Assim, quando saímos do âmbito da materialidade do poema enquanto produto editorial, vemos que a ideia de marginalidade é maior do que a transgressão editorial dos livros independentes.

O poeta que recebia a alcunha de marginal carregava, portanto, uma carga simbólica bem maior do que o uso do mimeógrafo como "prova do crime". Sua aplicabilidade no Brasil dos anos 1960 e 1970 é difusa e datada no âmbito de uma sociedade cuja violência era o tom de conversas e atitudes cotidianas de todas as classes. O marginal não era apenas o estereótipo do bandido armado que fazia do crime sua ocupação. O marginal, em 1973, era também, por exemplo, o jovem usuário de drogas, cujo cabelo comprido indicava sua sexualidade dúbia e liberta. Características, aliás, presentes na maioria dos jovens poetas, compositores, artistas visuais e agitadores culturais que circulavam em cadernos de cultura e eventos desse período. O marginal era, também, o "subversivo", pessoa que, militante dos grupos de guerrilha e perseguida pelo regime militar, se evadia do convívio social em prol da luta armada ou da organização política. Uma marginalidade clandestina, mas cuja dinâmica de segredos e códigos, encontros escondidos e táticas dispersivas contaminava os circuitos culturais em muitas de suas ações e ideias. Marginal era também (como até hoje) o pobre, o negro, o gay, a prostituta, a mulher e a criança que vivem nas ruas e favelas das cidades cuja verticalização arquitetônica transforma paisagens e vidas, desloca memórias e segrega espaços de convívio. Em 1971, não era difícil um jovem que convivia com informações da contracultura mundial se identificar com tais signos de transgressão disponíveis no país. A poesia atenta ao seu tempo e espaço também se apropriou de tais signos — assim como as artes visuais, a música, o teatro, o cinema — e assumiu a "margem" como identidade e espaço discursivo legítimos de ação.

Circuitos

A poesia marginal, portanto, foi muito além do mimeógrafo de 1971/1972. Ela gerou publicações independentes, coleções marcantes, revistas e jornais esporádicos, porém definitivos na memória cultural brasileira. Poetas elaboraram, no âmbito universitário, discursos críticos sobre o seu ofício e a situação da poesia no seu tempo. Os "marginais" estavam nos corredores da PUC do Rio de Janeiro e da UFRJ. Estavam na praia de Ipanema, nos casarões de Santa Teresa, nos bares e teatros de Copacabana, nas peladas de futebol do Jardim Botânico, nas quebradas dos morros cariocas, nas dependências livres do Museu de Arte Moderna (MAM Rio). Eles escreviam em jornais diversos, desde o *Ultima Hora* até o *Verbo Encantado*, gravavam parcerias musicais em discos de multinacionais como a Philips, viajavam para Londres, Paraty e Arembepe, trabalhavam com designers e artistas visuais, criavam articulações poéticas com outras cidades do Brasil, como São Paulo, Salvador ou Brasília.

Este é outro ponto fundamental que já podemos indicar em relação à poesia marginal: seu impacto transdisciplinar no meio cultural brasileiro dos anos 1970 e das décadas seguintes. A articulação de coletivos criativos, eventos públicos e produtos editoriais independentes ao redor da poesia que se fazia no país naquele momento é um dos grandes legados que ficaram para a posteridade.

No caso específico do Rio de Janeiro, o Nuvem Cigana e suas *Artimanhas*, peças como *Hoje é dia de rock*, de José Vicente, encenada no Teatro Ipanema, os cursos da ESDI, os corredores e salas de aula do departamento de letras da PUC-Rio, a livraria Muro, em Ipanema, as dependências independentes do Parque Lage, os *shows* do Teatro Tereza Rachel em Copacabana, tudo isso deve ser posto sob uma mesma perspectiva, já que eram espaços em que a mesma pauta poética circulava. A formação de um *circuito* ao redor da poesia marginal carioca (de forte viés branco e ligado à Zona Sul da cidade) criou uma cena cultural extremamente rica no que diz respeito aos seus participantes e desdobramentos.

A própria história do Nuvem Cigana, único grupo de poetas realmente efetivo enquanto ação cultural coletiva, nos mostra a transversalidade de saberes que circundava a poesia marginal. Ela incluía o encontro de arquitetos, poetas, fotógrafos, designers e músicos na informalidade dos apartamentos comunitários cariocas. Assim como a cobertura dos Novos Baianos (outra comunidade criativa que habitava o Rio no período) na rua Conde de Irajá, em Botafogo, foi o ponto de encontro entre os jovens e velhos baianos na cidade, um prédio localizado na ladeira Santa Leocádia, em Copacabana, reunia amigos para conversas (contra)culturais que resultaram no coletivo. Ronaldo Bastos, dono da marca-fantasia Nuvem Cigana, era um dos moradores do prédio, ao lado do fotógrafo Cafi e do poeta Ronaldo Santos. Os demais membros surgiram através de amizades, de uma "pelada de futebol" que era jogada no bairro do Horto e do uso gregário de *cannabis sativa*, fartamente consumida e espécie de "selo de qualidade" que amarrava amizades e incitava futuros possíveis. O encontro ao redor do Nuvem Cigana, aliás, era permeado pela presença de outro coletivo cultural que circulava pela cidade e que, assim como os Novos Baianos, tinha no encontro entre música e poesia sua estratégia de ação. Era o grupo de mineiros que em 1972 gravaria o álbum *Clube da esquina*. Suas canções estão impregnadas dessa atmosfera lisérgica e comunitária que se formava no Rio de Janeiro daquele período.

Não é à toa que os livros e revistas feitos pelo Nuvem Cigana ganharam dimensões maiores do que seus suportes impressos. Os lançamentos, em 1976, de *Creme de lua* (Charles), *Vau e talvegue* (Ronaldo Santos) e *Rapto da vida* (Bernardo Vilhena) não causaram grande repercussão na época, mas a crise que o grupo tinha em relação ao formato de venda e promoção dos livros fez com que procurassem outras formas de comunicar a poesia. Se os livros não vendiam e circulavam de forma restrita, foi na oralidade do poema e na atmosfera da performance que o Nuvem Cigana marcou a cena cultural da cidade. Suas *Artimanhas* e o lançamento dos dois *Almanaque Biotônico Vitalidade* foram eventos multimídia impactantes, feitos pela primeira vez na livraria Muro e depois no MAM Rio. Eles detonaram um processo de trocas culturais poderoso. O exemplo transcultural já vem da primeira fagulha que detonou o processo performático de leitura pública dos poemas. Foi a partir da exibição de slides elaborados por Bernardo Vilhena com fotografias do artista plástico Carlos Vergara dedicadas ao bloco carnavalesco Cacique de Ramos que Chacal passou a recitar um poema de sua autoria. O cruzamento entre artes visuais, performance e poesia, os cenários feitos pelo grupo de designers e arquitetos, a plateia jovem sendo apresentada a uma nova forma — ou ao menos a uma forma renovada — de se relacionar com a poesia, tudo isso fez com que a cidade chegasse ao que Heloisa Buarque detecta, na introdução de *26 poetas hoje*, como um "surto de poesia". Uma moda que fazia dos versos a arma mais à mão para toda uma geração.

Marginália

Quando se falava do poeta marginal — e dos demais desdobramentos do termo em outras áreas — nos anos 1970, existia uma espécie de consenso em torno de dois tipos de representação do marginal cultural (que é diferente da representação do marginal "na cultura"): o marginal como aquele que é desviante em relação a tudo o que era oficial (governo, indústria cultural, mercado); ou o marginal como aquele que incorpora em sua obra precária a derrota e a angústia de um período de descaminhos estéticos que só corroboravam a ideia de um suposto "vazio cultural" existente nos anos ditatoriais do país. O primeiro é visto como um "resistente", enquanto o segundo é visto como um "alienado".

Na maioria dos trabalhos e artigos dedicados ao tema, a segunda opção era a mais utilizada. Ser marginal no campo cultural brasileiro significava, primordialmente, ser alternativo, ser "desbundado" ou ser maldito. Cada uma dessas categorias, apesar de generalizante, traz um sentido específico. Alternativo é aquele que se encontra "do lado de fora" de algo, seja a família, o trabalho ou, sobretudo, o mercado cultural. "Desbundado", por sua vez, deriva da circulação do modelo hippie na (contra)cultura jovem dos grandes centros urbanos do país. O jovem com aspirações libertárias no âmbito do comportamento era diretamente relacionado a um pacote pejorativo que poderia incluir o consumo de drogas, o perfil apolítico e a crença mística orientalista. E maldito, por fim, é aquele intelectual ou artista que, em busca da "grande obra" ou da inovação formal constante, se isola do seu meio produtivo e dos seus pares, não cedendo nem fazendo concessões ao mercado ou à estética dominante.

No caso dos poetas, nosso tema, todos os que partiram para ações classificadas por eles mesmos ou por terceiros como "marginais" tiveram e têm até hoje suas obras e trajetórias ativadas em algum nível por esses rótulos datados. Rótulos que foram incorporados acriticamente pela historiografia em um primeiro momento e, ao longo do tempo, transformaram-se em "categorias de acusação". Muitas vezes, a poesia dessa geração foi lida de forma acrítica, ou hipercrítica, a partir do esvaziamento que tais rótulos provocavam. A desqualificação *a priori* que "alienados" ou "desbundados" sofriam em certos círculos intelectuais do período era utilizada como álibi para se deixar em segundo plano ou simplificar toda uma produção com forte presença no campo cultural do período.

Ao situarmos a poesia, naquele momento, em um cenário cultural mais extenso, podemos enxergá-la como um dos elementos de um campo ampliado ao redor da representação do marginal. Em cidades como Rio de Janeiro, São Paulo e Salvador, esse campo ampliado tem seu motor girando principalmente ao redor do grupo intelectual que se reuniu a partir das possibilidades de intervenção propiciadas pelo tropicalismo musical durante 1967 e 1968. Nesse grupo, nomes parceiros ou próximos dos compositores baianos se articularam em prol de intervenções mais contundentes, para além da música popular. Rogério Duarte, Torquato Neto, José Carlos Capinam, Hélio Oiticica, Waly Salomão, José Agrippino de Paula, Jards Macalé, Ivan Cardoso, Luciano Figueiredo, Oscar Ramos, Luis Otávio Pimentel, Rogério Sganzerla, Julio Bressane e outros passaram a apontar em seus textos e criações um caminho mais radical e transgressor para os dilemas culturais brasileiros da época. Um grupo multidisciplinar, com poetas, artistas plásticos, designers, cineastas e outros talentos, incorporou paulatinamente representações da violência cotidiana do país. Bandidos, prostitutas, loucos, vampiros, prisões, homens armados, escatologias, malandros, pornógrafos e outras figuras à margem tornaram-se temas dos trabalhos desse grupo. Fornecendo ao público uma visão de conjunto desse momento, surgiu para o nosso vocabulário cultural a ideia coletiva de *marginália*. Essa expressão foi divulgada publicamente no artigo da jornalista carioca Marisa Alvarez Lima intitulado "Marginália — Arte e cultura na idade da pedrada". O artigo de várias páginas foi publicado na revista *O Cruzeiro*, em dezembro de 1968, apenas dois dias antes do AI-5.

A presença desse grupo no terreno da marginalidade, em expansão entre artistas e intelectuais, é chave para entendermos por que a poesia da Nuvem Cigana (Chacal, Bernardo Vilhena, Charles, Ronaldo Santos) era marginal. Ou por que Waly Salomão e Torquato Neto estão ao lado deles em *26 poetas hoje*. Aqui, nesse momento, entre 1968 e 1972, se forma um caldo poético unindo os que vivem seus dias nas bordas da sociedade carioca de classe média — como Waly e Torquato, que fazem incursões nos morros da cidade e em casas de prostituição no mangue ao lado de seu amigo Hélio Oiticica — e os que vivem as possibilidades de uma contracultura como forma legítima de invenção do cotidiano. Não é à toa que a porta de entrada de Chacal em um debate literário e cultural mais amplo que o seu pequeno circuito de leitores-amigos se dá justamente através do trio Waly Salomão-Torquato Neto-Hélio Oiticica. É após ler o primeiro livro de Chacal, recebido das mãos do poeta na saída de um dos shows do Teatro Tereza Rachel, em Copacabana, que Waly passa a divulgar sua obra. Torquato, por sua vez, é o porta-voz da novidade em sua badalada coluna "Geléia geral", publicada diariamente no Jornal *Ultima Hora*. No dia 8 de janeiro de 1972, Waly publica um texto sobre o novo poeta.[11] Ali, é criada uma espécie de aliança entre os "antigos" e o "futuro" poeta marginal. Mais que isso, funda-se uma linhagem em que se ratifica a ligação com Oswald de Andrade e, por conseguinte, com o legado de uma tradição poética errática, antiacadêmica, uma poética do risco, como a de Oswald, a de Waly e a de Chacal.

Como alguns registros dessa movimentação à margem e de seus desdobramentos ao longo dos anos 1970, podemos indicar a própria coluna de Torquato no *Ultima Hora* (1971/1972), os impressos alternativos, como *Flor do Mal*, *Presença*, *Verbo Encantado*, *Pólem*, *Código*, *Navilouca* e *Rolling Stone*, os filmes feitos em super-8, como os vários de Ivan Cardoso, o cinema feito em sistema

---

11. Salomão, Waly. "– cha – cal –". In: Pires, Paulo Roberto (org.). *Torquatália — Obra reunida de Torquato Neto, v. 2 (Geléia geral)*. Rio de Janeiro: Rocco, 2004, p. 343.

de guerrilha da Belair, de Sganzerla e Bressane, no Rio de Janeiro, e o cinema de cooperativa feito pela Boca do Lixo, de Ozualdo Candeias e seus parceiros, em São Paulo.

No Brasil dos anos 1970, ao assumirem-se como "marginais" frente ao mercado consumidor e às práticas culturais vigentes, poetas, cineastas, artistas plásticos, compositores, músicos, jornalistas e escritores incorporaram uma espécie de lógica belicista que, mais tarde, seria formalizada com o lema "*do it yourself*", do movimento punk. Eles criaram, para sua própria "sobrevivência intelectual", um espaço em que regras, cânones ou respeito às tradições nacionais foram abolidos em prol de uma maior liberdade de ação e opinião. Alguns especialistas da época acusavam justamente esse afastamento consensual de um suposto esforço crítico como o lado precário das obras. Hoje em dia, porém, está comprovado que o cinema, a imprensa ou a poesia marginais foram, para esses artistas que não se adequavam a uma série de normas sociais e modelos formais de trabalho, os únicos espaços onde um tipo específico de produção e reflexão cultural pôde ser feito.

Havia, portanto, por parte de poetas (e artistas) chamados de "marginais", mais do que uma passividade crítica alimentada meramente por um clima de "desbunde" e de "alienação". Existia uma *intencionalidade estratégica* presente nos atos e criações estéticas daqueles que conscientemente negaram os cânones culturais e poéticos de seu tempo em benefício de uma prática livre de sua poesia. A curiosidade em exercer a palavra poética na prática cotidiana, sem autorizações ou formalizações das instâncias oficiais de legitimação, foi uma energia rompedora que abriu caminhos para poetas de ocasião e poetas de vocação. Os de ocasião ficaram como registro ilustrativo de uma época nas páginas amarelas dos jornais alternativos. Já os de vocação estão até hoje escrevendo, pensando e recitando poesia pelas cidades.

Em outras palavras, precisamos entender que as práticas que fundamentavam essa cultura marginal dos anos 1970 não devem ser vistas — como a maioria dos trabalhos sobre o tema afirma — apenas como a aceitação de uma situação conformista, "alternativa" ou "menor" de alguns artistas naquele momento. Aceitar o rótulo de marginal foi, para muitos, um posicionamento consciente e ativo, uma decisão de um grupo expressivo de artistas e intelectuais rumo a um rompimento com certas bases da produção cultural brasileira que, em algumas áreas, estava sendo transformada em lugar-comum do conservadorismo militarista e de classe média.

Nessa perspectiva, o que deve ser entendido em relação ao poeta marginal dos anos 1970 é a diferença entre *ser passivamente* marginalizado em um determinado espaço de ação social e *estar estrategicamente* se colocando à margem do que acontece nos canais ditos "normais". É negar-se a fazer parte desses canais normativos para efetivar suas próprias práticas, sem espaço dentro da "normalidade". Os poetas, cada qual do seu jeito, mergulharam na margem do campo literário, construíram suas estratégias de circulação editorial, tornaram-se o "papo do verão" nas cidades, ocuparam as ruas, retomaram a oralidade, pressionaram a universidade a pensá-la e, ironicamente, a publicá-la. Entre os primeiros mimeógrafos de 1971 e a publicação de Heloisa Buarque de Hollanda, cinco anos se passaram. Pouco tempo, mas suficiente para, como a autora diz na introdução de sua antologia, a poesia ter se tornado o "artigo do dia".

Uma poesia horizontal

Na atual política literária brasileira, ainda existem os que conservam posições refratárias sobre a poesia marginal. Para alguns, a poesia de Paulo Leminski, Ana Cristina Cesar e Cacaso só permaneceu pelo trabalho de *lobbies* universitários, suicídios canonizadores e breves frases que valem registro mais breve ainda. Ao olhar para os anos 1970, enxergam a poesia marginal como um movimento numeroso e confuso, de caráter mais sociológico que literário, cuja poética precisa mais do palco do que do livro, devido ao seu forte apelo cênico e performático.

Tais leituras nos apresentam, em pleno século XXI, apenas um dos possíveis lugares contemporâneos da poesia marginal no nosso debate crítico-acadêmico, que diz respeito a uma certa perspectiva que persiste na busca classificatória e na definição desse *corpus* poético pelo contraste com os demais *corpora* poéticos de nossa história literária. Apesar do interesse de jovens pesquisadores, os poemas dispersos em publicações independentes (muitas desaparecidas) e os livros fugazes do período continuam sendo pouco visitados. Da grande angular que registrava dezenas de poetas sob o guarda-chuva marginal, poucos sobreviveram à passagem do tempo por meio de obras consistentes e duradouras. Alguns, como Ana Cristina Cesar, Cacaso, Paulo Leminski e Waly Salomão, apesar de não estarem mais vivos, tiveram tempo para ver certa aceitação pública de seu trabalho e debater criticamente suas obras. Outros deslocaram definitiva ou temporariamente sua poesia para novos campos de ação da palavra poética, como Charles, Bernardo Vilhena, Geraldo Carneiro, Ronaldo Santos, Roberto Schwarz ou Ronaldo Bastos. Há ainda os que permaneceram publicando poemas constantemente, como Francisco Alvim, Chacal e Afonso Henriques Neto.

    O fato é que, cada vez mais, a leitura sobre a poesia marginal dos anos 1970 não pode ser restrita, mesmo que contraditoriamente, ao seu papel literário. O embate entre o jovem poeta marginal e a tradição brasileira é apenas uma pequena dimensão do que ocorreu a partir dessa produção. Seguindo a deixa de Leminski em um ensaio escrito em 1986, a poesia brasileira, após o advento da produção independente, artesanal e transgressora, tornou-se, finalmente, horizontal.[12] Ela descartou, ao menos momentaneamente, a verticalidade do cânone e das vanguardas. Fez com que toda uma geração não temesse mais o poema e se aventurasse por versos inocentes e imediatistas, mesmo que fosse para depois nunca mais voltar ao ofício de poeta. Essa forma desabusada de lidar com a poesia, ao menos entre os que viveram os anos 1950 e 1960, era algo inédito. E extremamente salutar para a sobrevivência da palavra poética no livro. De uma forma democrática, a poesia marginal "desnormatizou" definitivamente um espaço que estava caminhando para uma ultraespecialização acadêmica. Ela chamou para a rua vazia de vozes e lotada de medos os que apreciavam poesia, e conseguiu dar um novo corpo à figura livresca do poeta. Sua ostensividade modista, popular e midiática (algo inaceitável para o poeta ou crítico acadêmico em qualquer outra época da história) apresentou para uma geração a potência libertadora da palavra poética. Uma palavra que surgia em novos suportes, articulando a poesia aos outros saberes que circulavam no campo cultural do seu tempo.

---

12. Leminski, Paulo. "O *boom* da poesia fácil". In: *Ensaios e anseios crípticos*. São Paulo: Unicamp, 2011.

Se fizermos um balanço histórico sobre o que veio depois da poesia marginal (ao menos no que definimos como recorte histórico sobre o tema), a lista de eventos, ações e espaços que a poesia marginal e sua atitude coletivista, transdisciplinar e vitalista alimentou é extensa. Sem criar aqui relações automáticas de causa e consequência, são tributários dos circuitos e práticas deflagrados pelos poetas marginais o surgimento de grupos como Asdrúbal Trouxe o Trombone e de espaços como o Parque Lage e o Circo Voador, a novidade da dramaturgia jovem dos anos 1980, em programas televisivos como *Armação Ilimitada* e *TV Pirata*, ou a fusão entre música pop e uma ágil poesia urbana carioca, presente em boa parte da cena rock do Rio de Janeiro. Os poetas marginais também se espraiaram pelas revistas ilustradas, ditaram moda, influenciaram as gírias da cidade e oxigenaram o clima conceitual presente nas artes visuais, permitindo, de certa forma, a retomada de uma visualidade pop-figurativa, presente na Geração 80 e na sua famosa exposição no Parque Lage em 1984. De alguma forma, a atuação de grupos como o Nuvem Cigana — levando a poesia e os poetas para festas, blocos de carnaval e peladas de futebol — desencadeou, na segunda metade dos anos 1970, todo esse clima altamente palpável para uma renovação cultural do país.

Assim, o que hoje discutimos, detratamos ou apreciamos como poesia marginal dos anos 1970 é uma espécie de força histórica que fez com que a palavra poética fosse muito além dos livros independentes das coleções, dos debates críticos de revistas como *José* e *Escrita* ou das declamações alucinadas de poetas etílicos nas *Artimanhas*. A poesia tornou-se assunto de jornal, capa de revista e democratizou até o limite da precariedade o uso do poema como forma de expressão geracional.

Como aponta Leminski no ensaio citado, as gerações seguintes de poetas trataram de conter a liberdade formal desenfreada e operar uma nova forma de rigor, menos formalista que a das gerações anteriores, porém mais dedicada à fatura técnica do poema. Sem descartar os ganhos da poesia marginal, os poetas das gerações posteriores transformaram a transgressão setentista em mais uma de nossas tradições poéticas, tratada com o devido crivo crítico em seus exageros juvenis e admirada com a devida atenção nas suas conquistas estéticas legadas para o futuro. São os poetas que surgem a partir dos anos 1990 que, ao girarem a chave da poesia marginal, ligam sua grande e infindável máquina de futuros.

Hoje, por fim, o poeta marginal, mais do que uma representação datada, romântica e heroica dos nossos pesados anos 1970, é um tema consolidado na história literária brasileira por suas práticas inovadoras e por sua capacidade de impactar o debate literário do seu período e alhures. Nascido como um anjo caído entre papéis mimeografados, livros artesanais e oralidades fugazes, o poeta que foi marginal em seu tempo hoje faz parte de circuitos oficiais através de antologias, eventos comemorativos e fortunas críticas dedicadas ao tema. Como o poeta modernista, o da Geração de 45, o engajado ou o concreto, o poeta marginal já é entendido e estudado por meio do filtro de um "movimento", apesar de nunca ter se estabelecido como tal. Mesmo sem manifestos oficiais, sem coesão de todos os grupos envolvidos no processo, eram os "marginais" que estavam promovendo *ao mesmo tempo,* porém não necessariamente *juntos,* os eventos e obras que os classificaram como tal.

Essa perspectiva coletivista sobre a poesia do período, mesmo que na época os próprios poetas oscilassem entre a aceitação e a rejeição desse grande "bloco marginal", faz com que experiências estanques sejam contextualizadas em um mesmo espaço de reflexão crítica. É inegável, como expusemos aqui, que, mesmo com todas as amarras e as frouxidões que esses rótulos generalizantes apresentam do ponto de vista estritamente factual, o recorte histórico a partir do tema "marginal" oferece cada vez mais um campo legítimo de atuação por parte de pesquisadores — seja no campo da crítica, seja na busca de referências poéticas.

Isso se comprova pela oferta de publicações que circulam atualmente ao redor da poesia marginal. Se há vinte anos tínhamos uma bibliografia bem reduzida e esparsa sobre o tema, hoje temos diversos trabalhos publicados ou feitos no âmbito das pós-graduações de letras do Brasil inteiro. Autores como Ana Cristina Cesar, Waly Salomão, Cacaso, Bernardo Vilhena ou Torquato Neto são frequentemente pesquisados em mestrados e doutorados pelo país e pelo mundo. Além disso, temos livros recentes como *Crítica e tradução*, antologia fundamental de textos escritos ainda nos anos 1970 por Ana Cristina Cesar (1999), as obras completas de Cacaso, Francisco Alvim e Chacal pela coleção Ás de Colete (2002, 2004 e 2007, respectivamente), o livro de depoimentos *Nuvem Cigana — Poesia e delírio no Rio dos anos 70*, organizado por Sérgio Cohn (2007) e *Uma história à margem*, autobiografia esclarecedora de Chacal (2010). Somem-se a isso as diversas coletâneas que incorporam a poesia marginal como tema.

Outro ponto fundamental para pensarmos a permanência histórica da poesia marginal como temática cada vez mais robusta nos estudos de literatura e cultura em geral é a valorização crescente de seu *programa de ação*, isto é, de um espírito coletivo de ação direta e construção de alternativas produtivas nos interstícios da indústria cultural. Coletivos como o Nuvem Cigana (que reunia poetas, arquitetos, designers, atores e outros) e seus eventos multimídia, como as *Artimanhas*, publicações como *Navilouca* (1974), *Pólem* (1973) e *Almanaque Biotônico Vitalidade* (1976), ou os espaços livres de convivência criativa transdisciplinar, como eram o Parque Lage e o Museu de Arte Moderna do Rio de Janeiro (MAM Rio), oferecem uma série de referências que inspiram até hoje coletivos independentes e publicações ao redor do país. Na atual configuração histórica da cultura digital, a atitude transformadora e propositiva do poeta marginal em realizar seus próprios suportes textuais, a partir da tecnologia mais barata e prática de impressão que existia na época — o mimeógrafo —, é decisiva como exemplo de atuação independente. Além disso, a postura horizontal de fazeres e saberes que eram desencadeados nesses atos criativos independentes (poesia, design, artes visuais, economia, crítica literária etc.), em meio às verticalizações hierárquicas do campo cultural tradicional, é mais do que um exemplo para quem inicia hoje um trabalho fora das editoras e do circuito oficial.

E não são apenas esses aspectos materiais do poema (o livro, a revista) que ainda causam impacto nos nossos tempos. O salto no escuro da cultura pop de seu tempo, o interesse orgânico da poesia pela música, pelas artes visuais e pelo cinema, a ampliação do debate crítico para além das suas fronteiras oficiais nas universidades, a quebra das fronteiras entre a persona da rua e a persona da arte, a porosidade criativa dos poemas aos eventos contingentes do tempo presente, sua adaptação estratégica aos ganhos técnicos em prol da circulação livre da informação poética e intelectual, tudo isso forma, hoje em dia, um marco histórico frequentemente reivindicado como identidade por novas gerações. Principalmente por aqueles que defendem a legitimação das plataformas digitais como um espaço criativo estruturado fora das regras do mercado e dos controles de legislações específicas para a circulação de informação pela web.

Em seu *Preço da passagem*, de 1972, Chacal escreve em um dos poemas que perdeu o medo, perdeu o metro e achou graça.[13] Hoje, meio século depois, a poesia marginal continua nos deixando como legado o fim do medo de ser poeta. Com ou sem metro, com ou sem graça, essa foi a geração que demarcou um novo espaço-tempo para a poesia brasileira. Sem amarras, pagando o preço (não da passagem, mas da história) por sua informalidade, a poesia marginal criou para todos nós um paradoxo infinito: nunca deixará de ser marginal ao seu tempo, porém será cada vez mais apreciada como a força central de um vitalismo poético que atravessa calendários e gerações. Como no poema de Francisco Alvim, o poeta marginal tornou-se uma força que permanecerá ainda por muito tempo "brandindo um espadim/ do melhor aço de toledo".[14]

---

13. Chacal. "Dia primeiro e último". In: *Belvedere (1971-2007)*. São Paulo/Rio de Janeiro: Cosac Naify/7Letras, 2008, p. 341.
14. Alvim, Francisco. "O riso amarelo do medo". In: *Poemas (1968-2000)*. São Paulo/Rio de Janeiro: Cosac Naify/7Letras, 2004, p. 249.

Referências bibliográficas

Aguilar, Gonzalo. *Poesia concreta brasileira: As vanguardas na encruzilhada modernista*. São Paulo: Edusp 2005.

Alvim, Francisco. *Poemas (1968-2000)*. São Paulo/Rio de Janeiro: Cosac Naify/7Letras, 2004.

Arap, Fauzi. *Mare Nostrum: Sonhos, viagens e outros caminhos*. São Paulo: Senac, 1998.

Barthes, Roland. "Escritas políticas". In: *O grau zero da escrita*. São Paulo: Martins Fontes, 2000.

Buchmann, Sabeth; Cruz, Max Jorge Hinderer. *Hélio Oiticica and Neville D'Almeida Block-experiments in Cosmococa Program in Progress*. London: Afterall Books, 2013.

Cacaso (Antônio Carlos de Brito); Hollanda, Heloisa Buarque de. "Literatura: nosso verso de pé quebrado". *Argumento — Revista Mensal de Cultura*, São Paulo, Paz e Terra, ano I, nº 3, jan. 1974, p. 81.

Cacaso (Antônio Carlos de Brito). *Não quero prosa*. São Paulo/Rio de Janeiro: Unicamp/UFRJ, 1997.

Câmara, Mário. *Corpos pagãos — Usos e figurações da cultura brasileira (1960-1980)*. Belo Horizonte: UFMG, 2014.

Campos, Augusto de. *Balança da bossa e outras bossas*. 5ª ed. São Paulo: Perspectiva, 1993.

Cesar, Ana Cristina. *Crítica e tradução*. Rio de Janeiro: Ática/IMS, 1999.

Chacal. *Belvedere (1971-2007)*. São Paulo/Rio de Janeiro: Cosac Naify/7Letras, 2008.

_____. *Uma história à margem*. Rio de Janeiro: 7Letras, 2010.

Coelho, Frederico. *Eu, brasileiro, confesso minha culpa e meu pecado — Cultura marginal no Brasil de 1960-1970*. Rio de Janeiro: Civilização Brasileira, 2010.

_____. *Livro ou livro-me: Os escritos babilônicos de Hélio Oiticica*. Rio de Janeiro: EdUerj, 2010.

Coelho, Frederico; Oiticica Filho, César (orgs.). *Conglomerado/Newyorkaises*. Rio de Janeiro: Azougue, 2014.

Cohn, Sérgio (org.). *Nuvem Cigana — Poesia e delírio no Rio dos anos 70*. Rio de Janeiro: Beco do Azougue, 2011.

_____ (org.). *Poesia Br — 1970*. Rio de Janeiro: Beco do Azougue, 2012.

_____. *Revistas de invenção — 100 revistas de cultura do modernismo ao século XXI*. Rio de Janeiro: Beco do Azougue, 2011.

Duarte, Rogério. *Tropicaos*. Rio de Janeiro: Azougue, 2003.

_____. "A grande porta do medo". In: Cohn, Sérgio (org.). *Série Encontros*. Rio de Janeiro: Azougue, 2003.

Gullar, Ferreira. *Cultura posta em questão/Vanguarda e subdesenvolvimento*. Rio de Janeiro: José Olympio, 2002.

Hollanda, Heloisa Buarque de; Gonçalves, Marcos Augusto e Filho, Armando Freitas. *Anos 70 — Literatura*. Rio de Janeiro: Europa, 1979-1980.

Hollanda, Heloisa Buarque de; Pereira, Carlos Alberto Messeder. *Patrulhas ideológicas — Arte e engajamento em debate*. Rio de Janeiro: Brasiliense, 1980.

Hollanda, Heloisa Buarque de. *26 poetas hoje*. 4ª ed. Rio de Janeiro: Aeroplano, 2001.

_____. *Impressões de viagem — CPC, vanguarda e desbunde*. Rio de Janeiro: Brasiliense, 1980.

Leminski, Paulo. *Ensaios e anseios crípticos*. São Paulo: Unicamp, 2011.

Lima, Luiz Costa. "Quem tem medo da teoria". In: *Dispersa demanda — Ensaios sobre literatura e teoria*. Rio de Janeiro: Francisco Alves, 1981.

Lima, Marisa Alvarez. *Marginália — Arte e cultura na idade da pedrada*. Rio de Janeiro: Salamandra, 1997.

Marovatto, Mariano. *Inclusive, aliás — A trajetória intelectual de Cacaso e a vida cultural brasileira de 67 a 87*. Rio de Janeiro: 7Letras, 2015.

Merquior, José Guilherme. "Musa morena moça: notas sobre a nova poesia brasileira". *Revista Tempo Brasileiro*, Rio de Janeiro, nº 42, 1975, pp. 7-19.

_____. "O vampiro ventríloquo — Notas sobre a função da crítica no fim do século". In: *As ideias e as formas*. Rio de Janeiro: Nova Fronteira, 1981.

Moriconi, Ítalo. *Ana Cristina Cesar*. Rio de Janeiro: Relume Dumará, 1996.

Oiticica, Hélio. "Heliotape". In: Sailormoon, Waly. *Me segura qu'eu vou dar um troço*. 2ª ed. Rio de Janeiro: Aeroplano, 2003. p. 200.

Pereira, Carlos Alberto Messeder. *Retrato de época — Poesia marginal anos 70*. Rio de Janeiro: Funarte, 1981.

Pires, Paulo Roberto (org.). *Torquatália — Obra reunida de Torquato Neto, v. 2 (Geléia geral)*. Rio de Janeiro: Rocco, 2004.

Revista Civilização Brasileira, números 1-13 (1965-67).

Rocha, Glauber. *Revolução do Cinema Novo*. Rio de Janeiro: Alhambra, 1980.

Sailormoon, Waly. *Me segura qu'eu vou dar um troço*. 2ª ed. Rio de Janeiro: Aeroplano, 2003.

Salomão, Waly. "Contradiscurso: do cultivo de uma Dicção da Diferença". *Anos 70 — Trajetórias*. São Paulo: Iluminuras/Itaú Cultural, 2001. p. 78.

_____. *Gigolô de bibelôs*. Rio de Janeiro: José Álvaro Editor, 1981.

Santiago, Silviano. *Salto*. Belo Horizonte: Imprensa Oficial, 1970.

_____. *Uma literatura nos trópicos*. 2ª ed. Rio de Janeiro: Rocco, 2000.

_____. *Vale quanto pesa — Ensaios sobre questões político-culturais*. Rio de Janeiro: Paz e Terra, 1982.

Schwarz, Roberto. "Nacional por subtração". In: *Que horas são?*. São Paulo: Companhia das Letras, 1987.

Süssekind, Flora. *Literatura e vida literária — Polêmicas, diários e retratos*. 2ª ed. Belo Horizonte: UFMG, 2004.

Vários autores. "Poesia hoje". *José*, Rio de Janeiro, nº 2, ago. 1976.

Velho, Gilberto. "Duas categorias de acusação na Cultura Brasileira Contemporânea". In: *Individualismo e cultura: Notas para uma antropologia da sociedade contemporânea*. Rio de Janeiro: Zahar, 1987.

Veloso, Caetano. *Verdade tropical*. São Paulo: Companhia das Letras, 1997.

Vilhena, Bernardo; Augusto, Eudoro. "Consciência marginal". *Malasartes*, Rio de Janeiro, nº 1, 1975.

Origem dos textos

"Escritos da Infratura — Escrever para existir" é texto inédito.

"Razão e contracultura" é texto inédito. Foi publicado em uma versão em inglês, intitulado "Tropical Reason: The Making of a Counterculture in Brazil", no livro *Form and Feeling — The Making of Concretism in Brazil,* organizado por Antonio Sergio Bessa e publicado pelo Bronx Museum, em Nova York, e a Fordham University Press, em 2021.

"Intimidade molecular e corpo-ambiente: Duas experiências de 'fazer mundo' é texto inédito.

"*Groovy Promotion* — Hélio Oiticica, Waly Salomão, literatura e amizade" foi originalmente publicado em Schollhammer, Karl Erick (org.). *Literatura e espaços afetivos.* Rio de Janeiro: 7Letras, 2014.

"*Subterranean Tropicália Projects* → *Newyorkaises* → *Conglomerado*: O livro infinito de Hélio Oiticica" é texto inédito em português. Foi publicado em uma versão em inglês no catálogo *Hélio Oiticica: To Organize Delirium,* editado pelo Carnegie Museum of Art e DelMonico Books — Prestel, em 2016.

"Onde se vê dia, veja-se noite — Notas sobre a crítica em tempo de contracultura" foi originalmente publicado em Schollhammer, Karl Erick; Olinto, Heidrun Kriger; Simoni, Mariana (orgs.). *Literatura e artes na crítica contemporânea.* Rio de Janeiro: PUC-Rio, 2016.

"Perdemos o bonde; não percamos a esperança" foi originalmente publicado com o título "Os 40 anos de 'Uma literatura nos trópicos'" em *Suplemento Pernambuco* (CEPE), nº 47, maio de 2018.

"Sobre salto — Silviano Santiago e a experiência nova-iorquina" é texto inédito.

"Gil — Duas derivas" é texto inédito.

"Gilberto Gil e as máquinas" é texto inédito.

"Canto e danço que dará" foi originalmente publicado com o título "Odara ensina a viver entre monstros" em *Suplemento Pernambuco* (CEPE), nº 32, fevereiro de 2017.

"O Homem Amarelo e o telefone: Perspectivas sobre modernismos brasileiros e a invenção de origens" é texto inédito.

"Balanços da fossa: O caso da *Revista Civilização Brasileira*" foi originalmente publicado em Scovino, Felipe; Duarte, Pedro; Coelho, Frederico; Martins, Sergio (orgs.). *1967, Meio século depois*. Rio de Janeiro: Editora Circuito/PUC-Rio, 2020.

"O Brasil como frustração — Dez notas" foi originalmente publicado em *Serrote*, nº 31, março de 2019.

"Quantas margens cabem em um poema? — Poesia marginal ontem, hoje e além" foi originalmente publicado em Ferraz, Eucanãa (org.). *Poesia Marginal — Poesia e livro*. São Paulo: Instituto Moreira Salles, 2013.

Todos os textos foram revistos pelo autor para a presente publicação.

CIP-BRASIL. CATALOGAÇÃO NA PUBLICAÇÃO
SINDICATO NACIONAL DOS EDITORES DE LIVROS, RJ

C616i

Coelho, Fred

Infraturas : cultura e contracultura no Brasil / Fred Coelho. - 1. ed. -
Rio de Janeiro : Cobogó, 2025.
256 p. ; 21 cm.

ISBN 978-65-5691-174-8

1. Ensaios brasileiros. 2. Cultura brasileira - História e crítica. 3. Contracultura - Brasil. 4. Literatura brasileira - História e crítica. 5. Arte brasileira - Séc. XX. I. Título.

25-97737.0   CDD: 306.0981
             CDU: 316.7(81)

Gabriela Faray Ferreira Lopes - Bibliotecária - CRB-7/6643

© Editora de Livros Cobogó, 2025

Editora-chefe
Isabel Diegues

Editora
Aïcha Barat

Coordenação de produção
Melina Bial

Assistente de produção
Jade Gomes

Revisão final
Carolina Falcão

Projeto gráfico e diagramação
Mari Taboada

Capa
Giovanna Cianelli

A opinião dos autores deste livro não reflete necessariamente a opinião da Editora Cobogó.
Nenhuma parte desta obra pode ser reproduzida, adaptada, encenada, registrada em imagem e/ou som, ou transmitida de nenhuma forma ou por nenhum meio, sem a permissão expressa e por escrito da Editora Cobogó.

Todos os direitos reservados à
Editora de Livros Cobogó Ltda.
Rua Gen. Dionísio, 53, Humaitá,
Rio de Janeiro, RJ, Brasil —22271-050
www.cobogo.com.br

2025
———————
1ª impressão

Este livro foi composto em Calluna.
Impresso pela IMOS Gráfica e Editora,
sobre papel Pólen Natural 70 g/m².